Korea Bebras Challenge 2021

비버챌린지와 함께하는
컴퓨팅 사고와 정보과학

2021년도 기출문제집

초등학생용

주최 한국정보과학교육연합회(Korea Information Science Education Federation)
주관 한국비버챌린지(Bebras Korea)
후원 넥슨(Nexon), 한국과학창의재단, 한국교육방송공사(EBS), 한국정보교사연합회, 한국정보과학회, 한국컴퓨터교육학회, 한국정보교육학회, 생능출판사

집필진

김도용(인천석정초등학교)	문기보(노원중학교)	정상수(경기과학고등학교)
김동윤(아주대학교)	박정아(울산과학고등학교)	정웅열(백신중학교)
김슬기(안산원곡초등학교)	서웅(대하초등학교)	정은영(장승중학교)
김승수(하랑초등학교)	설유정(송라중학교)	정재웅(대전동화중학교)
김영림(양영디지털고등학교)	예홍진(아주대학교)	조병규(명지초등학교)
김인주(대전동광초등학교)	윤숙영(진산과학고등학교)	채길순(경덕여자고등학교)
김지혜(주성고등학교)	이현아(세종과학예술영재학교)	최명진(지평고등학교)
김태훈(도남초등학교)	임건웅(보람고등학교)	최명환(용학초등학교)
김학인(한성과학고등학교)	전수진(호서대학교)	최아리(성남양지초등학교)
문광식(세종과학예술영재학교)	전용주(안동대학교)	하우영(촉석초등학교)

비버챌린지와 함께하는
컴퓨팅 사고와 정보과학
2021년도 기출문제집(초등학생용)

초판인쇄 2021년 12월 9일
초판발행 2021년 12월 16일
지은이 한국비버챌린지(Bebras Korea)
펴낸이 김승기
펴낸곳 (주)생능출판사 / **주소** 경기도 파주시 광인사길 143
출판사 등록일 2005년 1월 21일 / **신고번호** 제406-2005-000002호
대표전화 (031)955-0761 / **팩스** (031)955-0768
홈페이지 www.booksr.co.kr
책임편집 유제훈 / **편집** 신성민, 김민보, 권소정 / **디자인** 유준범(표지디자인)
마케팅 최복락, 김민수, 심수경, 차종필, 백수정, 송성환, 최태웅, 명하나
인쇄/제본 영신사
ISBN 978-89-7050-527-5 03000
정가 11,000원

- 이 책의 저작권은 (주)생능출판사와 지은이에게 있습니다. 무단 복제 및 전재를 금합니다.
- 잘못된 책은 구입한 서점에서 교환해 드립니다.

비버챌린지(Bebras Challenge)란?

비버챌린지는 컴퓨팅 사고(Computational thinking)와 정보과학(Informatics)을 경험할 수 있는 전 세계인의 축제입니다.
- 특별한 사전 지식이 없어도 누구나 도전할 수 있습니다.
- 컴퓨터 기반 테스트(CBT) 환경을 통해 어디에서나 쉽게 참여할 수 있습니다.
- 비버챌린지의 모든 문제는 컴퓨팅 사고를 통해 해결 가능한 흥미롭고 재미있는 상황을 담고 있습니다.

비버챌린지 그룹

비버챌린지는 학생들의 연령과 수준을 고려하여 6개 그룹으로 구분되어 있습니다.

구분	대상	문항수	시험시간
그룹 Ⅰ	초등학교 1~2학년	8문항	30분
그룹 Ⅱ	초등학교 3~4학년	10문항	35분
그룹 Ⅲ	초등학교 5~6학년	10문항	35분
그룹 Ⅳ	중학교 1학년	12문항	40분
그룹 Ⅴ	중학교 2~3학년	12문항	40분
그룹 Ⅵ	고등학교 1~3학년	15문항	45분

비버챌린지는 순위를 매기지 않습니다.

비버챌린지는 컴퓨팅 사고를 즐기며 도전하는 데 의의를 둡니다. 따라서 개인 석차나 백분율은 제공하지 않습니다. 또한 참가 학생들의 개인 정보를 제외한 응시 결과는 정보(SW)교육 발전을 위한 연구에 활용합니다.

한국비버챌린지(Bebras Korea)란?

비버챌린지는 세계 최고의 정보과학 & 컴퓨팅 사고력 축제입니다.
- 한국비버챌린지는 우리나라 정보(SW)교육을 위해 봉사하는 현직 교사·교수들로 조직된 비영리 단체입니다.
- 한국비버챌린지는 비버챌린지 문제 개발 및 챌린지 운영, 정보(SW) 교육 연구, 교재 집필, 교사 연수 및 학생 캠프 강의 등의 역할을 수행하고 있습니다.
- 한국비버챌린지(www.bebras.kr)는 국제비버챌린지(www.bebras.org)의 공식 회원국이 된 대한민국을 대표하여 다양한 국제 협력 활동에 적극 참여하고 있습니다.

홈페이지(www.bebras.kr)

1단계

💬 신청하기 (9~10월경)

- 비버챌린지에 도전하기 위해서는 회원가입과 참가신청이 필요합니다.
▶ 로그인/회원가입
▶ 참여하기 ▶ 참가신청

2단계

💬 체험하기 (상시)

- 기출문제를 체험하면서 비버챌린지 문항 및 응시 방식에 적응할 수 있습니다.
- 예시문항은 누구나 상시 체험 가능하며, 참가 학생들은 모든 기출문제를 1년간 체험할 수 있습니다.
▶ 참여하기 ▶ 체험하기 ▶ 응시코드 입력

3단계

💬 도전하기 (10~11월경)

- 성적에 관계없이 도전하기에 참가한 모든 학생에게 이수증을 발급합니다.
- 도전하기 기간이 끝난 이후에는 응시결과 확인, 설문 참여, 문제 다시 풀어보기가 가능합니다.
▶ 참여하기 ▶ 도전하기 ▶ 응시코드 입력

4단계

💬 해설 강의 보기 (상시)

- 비버챌린지 유튜브 채널에서 그룹별, 문항별 정답 및 풀이를 확인할 수 있습니다.
▶ www.youtube.com/bebraskorea 접속하기

한국비버챌린지에서는 본문의 문제와 관련된 유튜브 동영상 강의를 제공하고 있습니다.

① 웹브라우저를 이용해 한국비버챌린지 유튜브 채널에 접속합니다.

   www.youtube.com/bebraskorea/

② 재생목록 탭을 클릭합니다.

③ 재생목록의 이름을 통해 연도와 그룹에 맞는 재생목록을 클릭합니다.

차례
Bebras Challenge

비버챌린지 소개	3
유튜브 동영상 강의 안내	6
그룹Ⅰ : 초등학교 1~2학년용	9
그룹Ⅱ : 초등학교 3~4학년용	19
그룹Ⅲ : 초등학교 5~6학년용	37
정답	49
그룹 Ⅰ 정답	50
그룹 Ⅱ 정답	59
그룹 Ⅲ 정답	72

이 책의 활용 방법

5단계 학습 방법

1단계 — 문제의 배경 ● ——— 문제 파트
문제를 풀기 전 주어진 상황을 알아봅니다.

2단계 — 문제 / 도전 ●
앞의 상황과 문제에 주어진 조건을 연결하여
문제를 풀어봅니다.

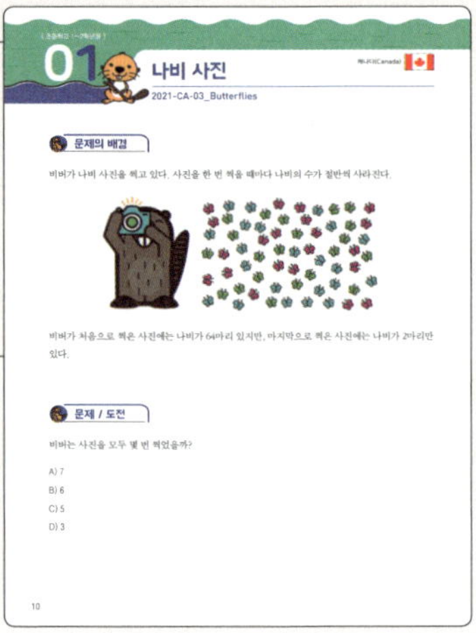

3단계 — 설명 ● ——— 해설 파트
앞에서 풀어본 문제의 풀이 과정을 자세히 확인합니다.

4단계 — 핵심 주제 및 참고 웹사이트 ●
문제에 정보과학의 어떤 주제가 담겨 있는지 확인하고,
참고 웹사이트를 방문하여 개념을 이해합니다.

5단계 — 문제 속의 정보과학 ●
문제 속에 담긴 정보과학의 주제와 문제가 구체적으로
어떻게 연결되는지 알아봅니다.

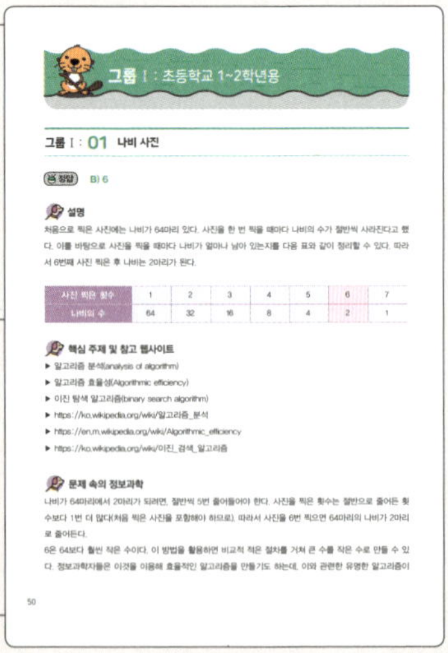

초등학교 1~2학년용

01 나비 사진 | 02 거북이 경로 | 03 선물 나눠주기 | 04 축구 유니폼 | 05 인형 옷
06 화살표 따라 그리기 | 07 구절판 | 08 알파벳 목걸이

[초등학교 1~2학년용]

01 나비 사진

캐나다(Canada)

2021-CA-03_Butterflies

문제의 배경

비버가 나비 사진을 찍고 있다. 사진을 한 번 찍을 때마다 나비의 수가 절반씩 사라진다.

비버가 처음으로 찍은 사진에는 나비가 64마리 있지만, 마지막으로 찍은 사진에는 나비가 2마리만 있다.

문제 / 도전

비버는 사진을 모두 몇 번 찍었을까?

A) 7
B) 6
C) 5
D) 3

[초등학교 1~2학년용]

02 거북이 경로

2021-DE-07_Turtle Path

독일(Germany)

 문제의 배경

작은 정원에 사는 거북이가 있다. 정원은 잔디나 돌로 덮인 정사각형 칸으로 나누어져 있다. 거북이는 돌로 된 칸으로는 갈 수 없으며, 잔디로 된 칸은 위, 아래, 오른쪽, 왼쪽으로 한 칸씩만 지나갈 수 있다.

 문제 / 도전

거북이가 모든 칸을 1번씩 지나도록 해보자. 거북이가 방문한 칸을 지나간 순서대로 선으로 연결하시오.

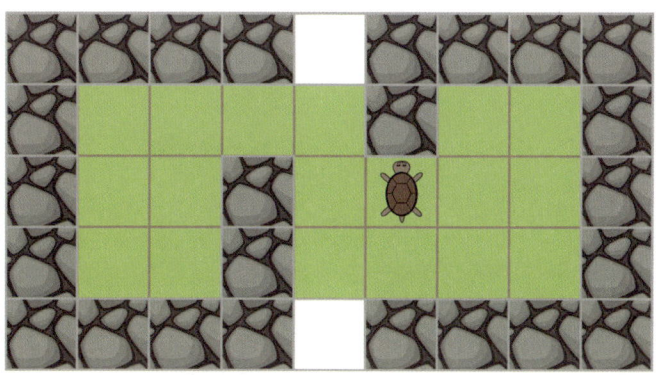

03 선물 나눠주기

[초등학교 1~2학년용]

독일(Germany)

2021-DE-08a_Preferences

문제의 배경

아래 그림과 같이 어린 비버가 받을 수 있는 선물은 3종류가 있다.

비버들은 다음과 같이 자신이 원하는 선물 종류를 순서대로 말했다. 부모님은 가능하면 1순위로 원하는 선물을 먼저 나눠주고 싶지만, 최소한 2순위 선물이라도 주려고 한다.

1순위, 2순위

1순위, 2순위

1순위, 2순위

문제 / 도전

최대한 많은 비버에게 1순위로 원하는 선물을 나누어줄 때, 비버와 선물을 올바르게 선택한 것은?

A)

B)

C)

D)

04. 축구 유니폼

2021-IE-04_Football Jerseys

아일랜드(Ireland)

문제의 배경

비버가 다음 2가지 조건에 따라 유니폼을 준비하고 있다.

- 유니폼 소매는 검은색이 아니다.
- 유니폼 깃은 검은색이고, 유니폼에는 줄무늬가 없다.

문제 / 도전

조건에 맞는 유니폼을 고르시오.

A) 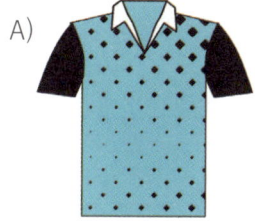   B) 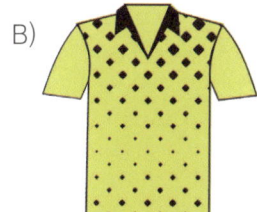   C)    D)

05 인형 옷

[초등학교 1~2학년용]

인도네시아(Indonesia)

2021-IN-02a_Dancing dolls

문제의 배경

디자이너가 인형에 입힐 옷을 만들려고 한다. 인형 옷은 무늬가 다른 4가지 옷감으로 만들어야 한다.

문제 / 도전

디자이너가 만든 인형 옷으로 바르지 않은 것을 고르시오.

[초등학교 1~2학년용]

06 화살표 따라 그리기

아이슬란드(Iceland)

2021-IS-04a_Between dots

 문제의 배경

비버는 점과 점을 이어 선을 그려주는 로봇을 가지고 놀고 있다. 로봇을 다음 점으로 옮기기 위해서는 화살표 버튼을 눌러야 한다.
로봇은 동그라미가 표시되어 있는 점에서 출발한다.
예를 들어 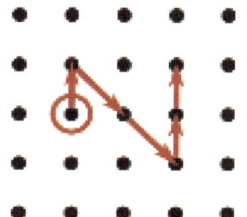와 같이 버튼을 순서대로 누르면 로봇은 아래와 같이 그림을 그린다.

 문제 / 도전

비버가 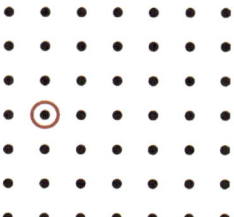과 같이 버튼을 순서대로 눌렀을 때 로봇이 그린 그림은 무엇인가?

A) 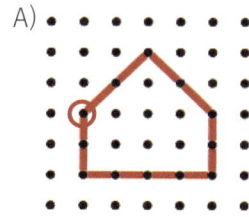   B) 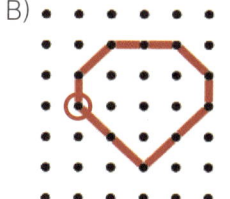   C) 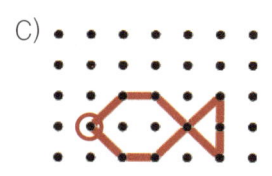   D)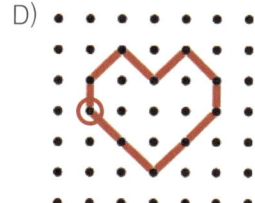

07 구절판

대한민국(South Korea)

2021-KR-01_Gujeolpan

문제의 배경

구절판은 팔각형 접시 가운데에 밀전병을 놓고 주위에는 여덟 개의 반찬을 순서대로 놓아 함께 먹는 음식이다. 요리사 비버는 아래와 같은 구절판을 다른 비버들에게 보여주고 똑같이 만들어 보게 했다.

문제 / 도전

다음 중 요리사 비버의 구절판과 같은 것은 어떤 것인가?

A)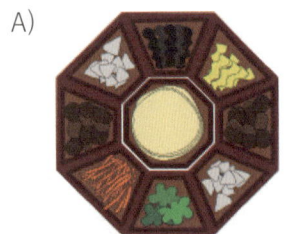

B)

C)

D)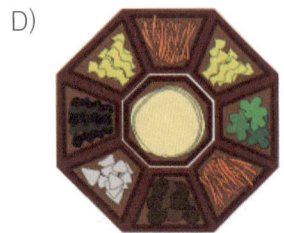

E)

08 알파벳 목걸이

[초등학교 1~2학년용]

2021-SK-01_Necklaces

슬로바키아(Slovakia)

문제의 배경

이름의 영어 알파벳을 이용해 목걸이를 만들려고 한다. 목걸이를 만드는 규칙은 다음과 같다.

- ♥, ◆ 모양을 조합해서 알파벳 1가지를 표현한다.
- 알파벳 사이에는 를 넣는다.

다음은 안나(ANNA)와 벨라(BELLA)가 만든 목걸이다.

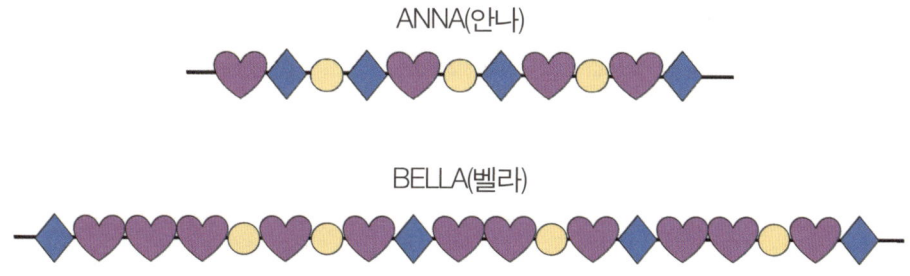

문제 / 도전

안나와 벨라의 목걸이를 참고하여 레나(LENA)가 만든 목걸이를 찾으시오.

 초등학교 3~4학년용

01 미로 | 02 보물지도 | 03 시장 보기 | 04 동전 가방 | 05 컵케이크
06 공 움직이기 | 07 재미있는 필터 앱 | 08 둥근 비버 | 09 과수원 길 | 10 캥거루 점프

[초등학교 3~4학년용]

01 미로

중국(China)

2021-CN-02_Maze

문제의 배경

꼬마 마녀 루나(Luna)는 보물 동굴을 발견하였다. 동굴에는 '동전', '루비', '마법 책', '보물 상자', '마법 물약' 5가지 보물이 차례대로 숨겨져 있는데, 이것을 얻기 위해서는 미로를 통과해야 한다. 루나는 다음 규칙에 따라 미로를 통과하여 보물을 찾기로 하였다.

- 규칙1 : 내려갈 수 있으면 밑으로 내려간다(↓).
- 규칙2 : 내려갈 수 없지만, 오른쪽으로 갈 수 있으면 오른쪽으로 간다(→).
- 규칙3 : 내려갈 수 없고, 오른쪽으로도 갈 수 없으면 왼쪽으로 간다(←).
- 규칙4 : 보물을 얻기 전까지는 위로 올라가지(↑) 않는다.

문제 / 도전

루나가 동굴에서 얻게 될 보물은 무엇인가?

A) 1   B) 2   C) 3   D) 4   E) 5

[초등학교 3~4학년용]

02 보물지도

2021-DE-01_Treasure hunt

독일(Germany)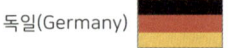

문제의 배경

해적들이 보물 지도를 찾았다. 하지만 지도에는 이상한 그림과 기호들이 있어서 해석을 못하고 있었다. 어느 날 지도를 자세히 관찰한 결과, 놀랍게도 그림과 기호에 대한 설명을 발견하였다.

그림과 기호	설명
Start	여기에서 시작해서 화살표를 따라 다음 장소로 이동
◀	화살표의 방향을 따라 다음 장소로 이동
1	이 구역에 처음 도착하면 화살표의 방향으로 이동
2	이 구역에 두 번째로 도착하면 화살표 방향으로 이동

문제 / 도전

아래 지도에서 X로 표시된 구역 중 보물이 숨겨져 있는 곳은 어디인가?

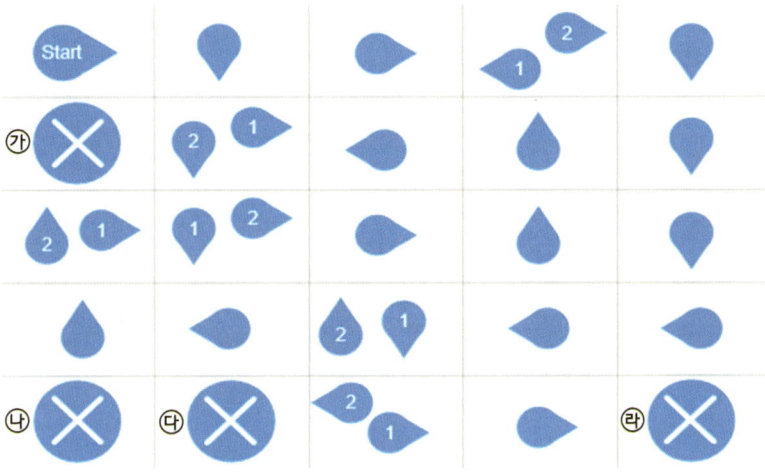

A) ㉮ B) ㉯ C) ㉰ D) ㉱

03 시장 보기

[초등학교 3~4학년용]

2021-ID-09_Go to the market

인도네시아(Indonesia)

문제의 배경

명절을 맞아 비버 안나(Ana), 바니(Barnie), 끌로에(Chloe), 데릭(Derrick)은 손님을 초대하려고 한다. 비버들은 손님맞이 준비를 위해 아래의 음식 재료를 사러 시장에 갔다.

음식 재료는 각기 다른 바구니에 담겨 있으며, 비버는 한 번에 2개의 바구니를 나를 수 있다. 큰형 바니는 한 번에 8kg의 음식 재료를 나를 수 있다. 안나와 데릭은 5kg을 나를 수 있고, 막내 끌로에는 3kg을 나를 수 있다.

문제 / 도전

모든 음식 재료를 한 번에 집으로 가져오려 할 때, 비버들이 각자 날라야 할 음식 재료를 하나씩 선택한 결과 보기에서 올바른 것을 고르시오.

A)

B)

C)

D)

[초등학교 3~4학년용]

04 동전 가방

아일랜드(Ireland)

2021-IE-02_Coin bag

 문제의 배경

어떤 나라에는 동전이 4종류 있으며, 다음은 각 동전의 앞면과 뒷면이다.

다음과 같이 주머니에 동전이 들어 있다. 주머니 속 동전은 앞면과 뒷면이 섞이곤 한다.

 문제 / 도전

위 그림과 같은 동전이 들어 있는 주머니는?

A)    B)    C)    D)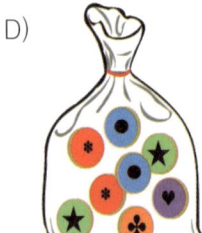

05 컵케이크

2021-IE-03b_Cupcakes

아일랜드(Ireland)

문제의 배경

비버 제빵사는 마을에서 열심히 일하고 있는 배고픈 비버들을 위해 컵케이크를 만든다. 각각의 컵케이크는 아이싱, 토핑, 과일의 3가지 종류로 장식되어있다. 각각의 종류들은 한번 사용되면 다음으로 변경된다.

아이싱 색깔은 아래 순서로 바뀌고 반복된다.

토핑은 아래 순서로 바뀌고 반복된다.

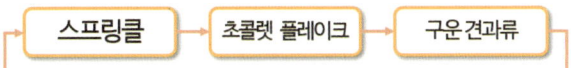

과일은 아래 순서로 바뀌고 반복된다.

위 사진은 어느 순간에 컵케이크가 만들어지고 있는 장면을 보여주는 것이다. 컵케이크는 왼쪽에서 오른쪽으로 움직이며 완성된다.

문제 / 도전

'X'로 표시된 컵케이크는 어떤 모양으로 만들어질까?

A) 빨간색, 스프링클, 오렌지

B) 흰색, 초콜릿 플레이크, 키위

C) 파란색, 구운 견과류, 딸기

D) 파란색, 스프링클, 오렌지

[초등학교 3~4학년용]

06 공 움직이기

2021-KR-02_Moving the ball

대한민국(South Korea)

문제의 배경

비버가 공을 움직여 원통 속에 넣는 게임을 하고 있다. 이 게임은 같은 색 공을 하나의 원통에 넣는 것이다. 게임의 규칙은 다음과 같다.

- 규칙 1 : 빈 원통으로 공을 옮길 수 있다.
- 규칙 2 : 원통에 빈 공간이 있을 경우, 같은 색 공 위로만 공을 옮길 수 있다.
- 규칙 3 : 원통 제일 위에 있는 하나의 공만 움직일 수 있다.
- 규칙 4 : 원통에 같은 색의 공으로만 채워져 있으면 성공하게 된다.

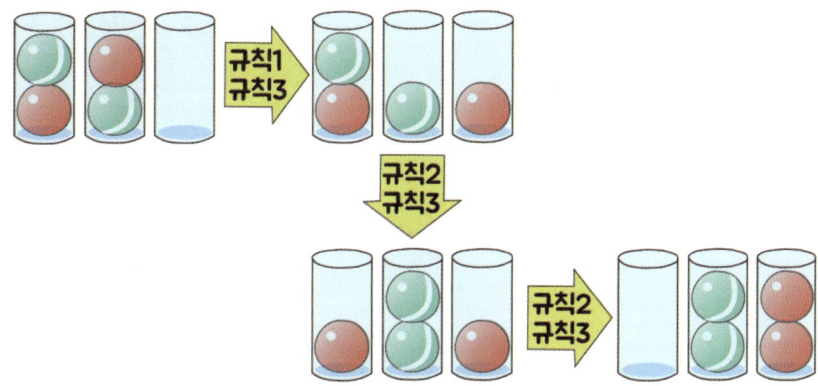

문제 / 도전

아래와 같은 상황에서 성공하려면, 적어도 몇 번 공을 움직여야 할까?

A) 5번   B) 6번   C) 7번   D) 8번

[초등학교 3~4학년용]

07 재미있는 필터 앱

대만(Taiwan)

2021-TW-02_Funny filter

 문제의 배경

사진 앱에는 4개의 재미있는 필터가 있다. 각 필터를 적용한 결과는 아래와 같다.

수염 삭제

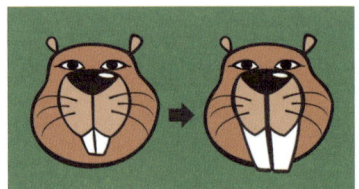

이빨 확대

볼터치

계란형 얼굴

어린 비버가 사진에 '볼터치', '계란형 얼굴' 효과를 적용하였다. 그 결과는 아래와 같다.

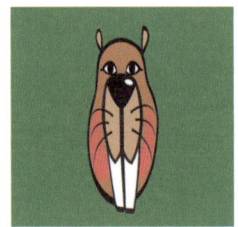

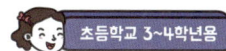

🦫 문제의 배경

필터를 적용하기 전의 원본사진이 어떤 것인지 고르시오.

A)    B)    C)    D)

08 둥근 비버

[초등학교 3~4학년용]

우루과이(Uruguay)

2021-UY-01_Circular beaver

 문제의 배경

아기 비버가 컴퓨터로 엄마를 그렸다.

 문제 / 도전

아기 비버가 그림을 그리는 데 사용한 원의 개수는 몇 개일까?

A) 12

B) 15

C) 16

D) 17

09 과수원 길

우루과이(Uruguay)

2021-UY-06_Fruit road

문제의 배경

비버는 집에서 강으로 걸어가는 길에 있는 모든 과일을 수집한다. 산책이 끝나면 강둑에 앉아 자신이 수집한 3가지 과일을 먹는다.

비버는 파인애플 은 원하고, 오렌지 는 원하지 않는다.

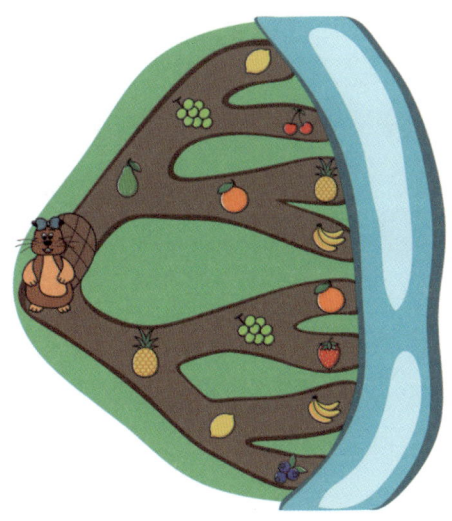

문제 / 도전

비버가 원하는 대로 과일을 수집하는 길은 몇 가지인가?

A) 1
B) 2
C) 3
D) 4

[초등학교 3~4학년용]

10 캥거루 점프

우즈베키스탄(Uzbekistan)

2021-UZ-01a_Kangaroo

캥거루 메이(MAE)는 클레어(CLAIRE)에게 가기 위해 돌을 밟고 뛰어 늪을 건너야 한다.

메이는 짧은 점프와 긴 점프 두 가지를 할 수 있다. 짧은 점프로 위, 아래, 왼쪽, 오른쪽에 위치한 바위가 있는 방향으로 한 칸 이동할 수 있고, 긴 점프로 두 칸 거리의 바위로 이동할 수 있다. 아래 그림은 각각 짧은 점프와 긴 점프의 예시이다.

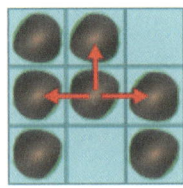 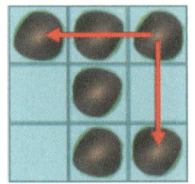

메이는 대각선으로 점프하거나 한 번에 세 칸 거리의 바위로 점프할 수 없다. 그리고 긴 점프는 힘들고 위험하기 때문에 2번 연속으로 할 수 없다.

문제 / 도전

메이가 클레어에게 갈 수 있는 방법으로 올바른 것을 고르시오.

A)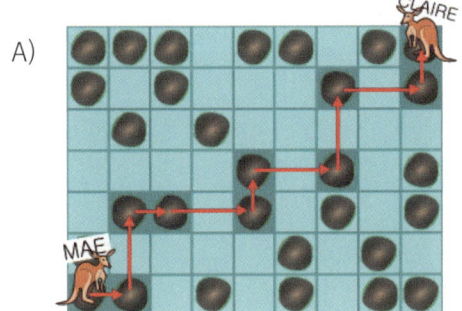

B)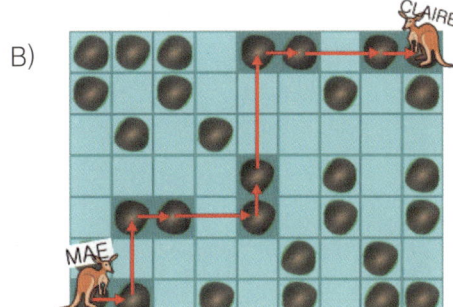

C)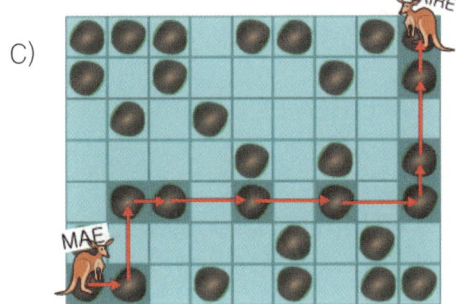

D)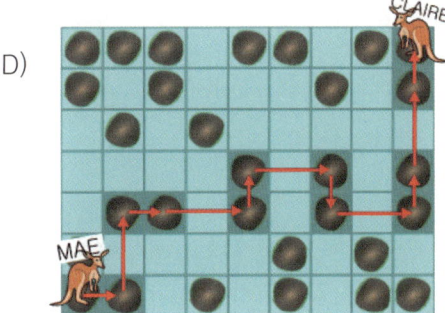

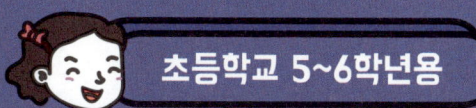

01 방문 순서 정하기 | 02 택시를 잡아라 | 03 목걸이 표현 | 04 딸기와 나뭇가지
05 사라진 조각상 | 06 기억 그물 | 07 유전자 재구성 | 08 꽃 성장 순서 배열
09 점프하는 원숭이 | 10 은행금고의 암호

01 방문 순서 정하기

[초등학교 5~6학년용]

2021-AT-02_Downtown

오스트리아(Austria)

문제의 배경

비버 벤(Ben)이 쇼핑을 한다. 길 위의 숫자는 벤이 한 곳에서 다른 곳으로 걸어갈 때 걸리는 시간이다. 벤은 빨간색 화살표로 표시된 집에서 출발하여 집으로 돌아온다.

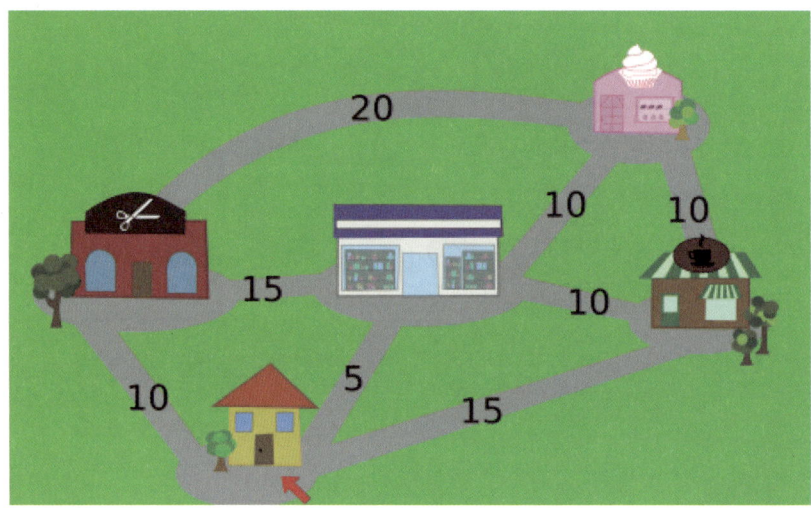

문제 / 도전

벤이 가게 4곳을 모두 방문하고 집으로 돌아오는 데 걸리는 최소 시간은 얼마일까?

_____

[초등학교 5~6학년용]

02 택시를 잡아라

오스트리아(Austria)

2021-AT-03_Hey taxi!

문제의 배경

스마트 도시 비버특별시에서는 자율주행택시가 이동할 방향을 교통표지판(▲ ◆ ● ■)을 통해 알려준다. 교통표지판의 표시는 4종류가 있으며, 직진, 좌회전, 우회전, 후진(돌아서서 직진)의 의미를 가진다. 자율주행택시는 이 교통표지판을 이용해 한 구역씩 이동한다.

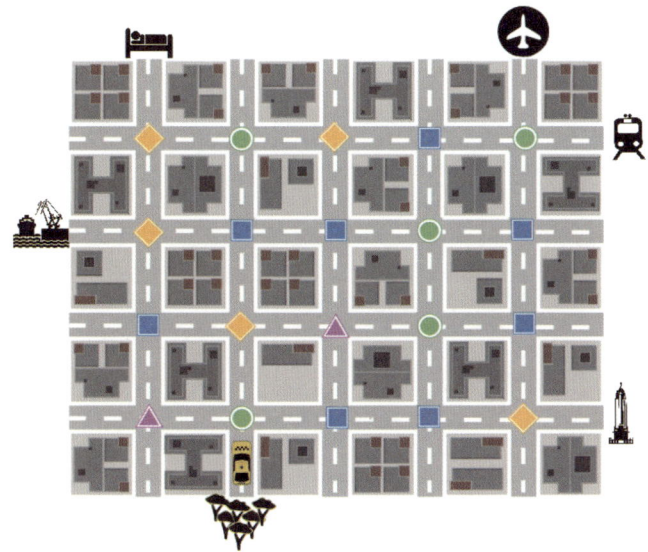

문제 / 도전

공원 🌳에서 출발한 택시가 교통표지판의 안내에 따라 공항 ✈에 도착했다. 각 교통표지판의 의미가 바르게 짝지어진 것은?

	●	◆	■	▲
A)	직진	우회전	좌회전	후진
B)	직진	좌회전	우회전	후진
C)	우회전	좌회전	직진	후진
D)	좌회전	우회전	직진	후진

03 목걸이 표현

벨기에(Belgium)

2021-BE-03_Necklaces instruction

문제의 배경

지율(Jiyul)이는 여러 가지 모양의 구슬로 목걸이를 디자인하는 것을 좋아하며, 목걸이를 간단하게 표현해서 친구들과 디자인을 쉽게 공유하려고 한다. 그래서 각각의 구슬을 하나의 문자로 표현하려고 한다. 예를 들어 별 모양은 S, 삼각형은 T, 직사각형은 R, 막대 모양은 L로 표현한다.

목걸이를 만들 때 다음과 같은 규칙을 사용한다.
- 서로 같은 구슬이 여러 개 있을 경우, 구슬의 개수를 적고 그 뒤에 구슬의 문자를 적는다.
- 반복되는 구간이 있는 경우, 반복되는 횟수를 적고 그 뒤에 괄호를 한 후 괄호 안에 반복되는 구간의 문자를 적는다.
- 그렇지 않으면 그냥 구슬의 문자를 적는다.

예를 들어, 다음 그림과 같은 목걸이는 길이가 9인 S3(TR)3SL로 표현할 수 있다.

문제 / 도전

다음 목걸이를 표현하는 방법 중 가장 길이가 짧은 것의 길이는?

A) 12   B) 13   C) 14   D) 15

[초등학교 5~6학년용]

04 딸기와 나뭇가지

스위스(Switzerland)

2021-CH-04c1_Strawberry thief

🪵 문제의 배경

정현이는 도토리, 헤이즐넛, 조약돌, 딸기 4가지의 물건을 바닥에 놓았다. 그리고 '서로 다른 물건은 막대로 잇는다'는 규칙을 적용하여 막대를 놓았다. 아래의 그림은 정현이가 바닥에 배치한 물건들과 규칙에 따라 막대들이 놓인 모습을 나타낸 것이다.

그런데 나현이가 위 모양에서 딸기를 먹어 버리고, 딸기 대신에 다른 물건을 올려놓았다. 그리고 규칙을 깨뜨리지 않기 위해 막대를 1개 제거하였다.

🪵 문제 / 도전

나현이가 딸기 대신에 올려놓은 물건이 무엇인지 생각해보고, 어느 막대를 제거했는지 고르시오.

A) 1번 막대   B) 2번 막대   C) 3번 막대   D) 4번 막대   E) 5번 막대

사라진 조각상

[초등학교 5~6학년용]
05

2021-DE-04_Detective lawn mower

독일(Germany)

 문제의 배경

어떤 공원에서는 로봇이 매일 밤 잔디를 깎는다. 이 공원에는 '나무', '공원 벤치', '긴 화단', '조각상'이 있으며, 잔디 깎는 로봇이 밤새 이동한 길을 나타낸 지도를 공원 안에 물건이 어디에 있었었는지 알 수 있다.

잔디 깎는 로봇은 다음 규칙에 따라 이동한다.

1. 처음 잔디 깎는 로봇은 아무 방향을 하나 정하여 그 방향으로 이동한다.
2. 물건에 부딪히거나 공원의 가장자리에 도달하면 아무렇게나 방향을 바꿔 그 방향으로 이동한다.
3. 공원의 가장자리에 도달했을 때, 로봇의 배터리가 부족하다면 가장자리를 따라 충전구역으로 이동하고 잔디 깎기를 끝낸다.

 문제 / 도전

은아(Eun-A)는 로봇이 이동한 길을 나타낸 지도를 보고, 로봇이 잔디를 깎고 있던 중간에 조각상이 사라진 것을 발견하였다.
아래 지도를 보고 사라진 조각상의 위치를 고르시오.

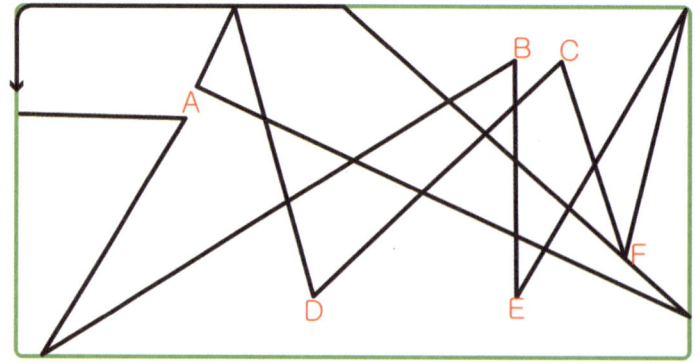

기억 그물

대한민국(South Korea)

2021-KR-04_Chain of memories

문제의 배경

비버 그레이스는 수업 시간에 배운 내용을 기억하기 위해서 다음과 같이 그림으로 표현했다. '곤충은 동물이다'를 표현하기 위해 '곤충'에서 '동물'을 가리키는 화살표를 그리고 그 위에 '은 ~이다'라고 썼다.

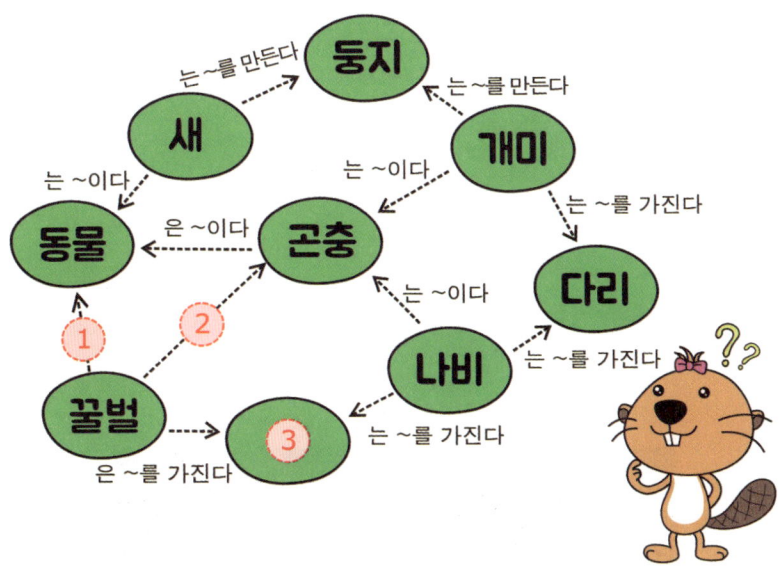

문제 / 도전

위 그림의 ①, ②, ③에 들어갈 말은 무엇일까?

	①	②	③
A)	은 ~을 가진다.	은 ~이다.	날개
B)	은 ~을 가진다.	을 ~을 가진다.	머리
C)	은 ~이다.	은 ~을 만든다.	뼈
D)	은 ~이다.	은 ~이다.	날개

유전자 재구성

2021-RU-03_Genome decoding

독일(Germany)

문제의 배경

DNA 분자는 시토신(C), 구아닌(G), 아데닌(A), 티민(T), 네 개의 핵염기(Nucleobases)로 이루어진 사슬이다. 분자 문자는 왼쪽에서도, 오른쪽에서도 읽을 수 있다.

예를 들어,  이것은 "ATG" 또는 "GTA"로 읽을 수 있다.

문제 / 도전

한 과학자가 아래 제시된 DNA 분자들을 모두 포함하는 분자를 만들려고 노력하고 있다. 예를 들어, "GTCGC"라는 분자는 "GT" 분자와 "TCGC" 분자를 포함하지만 "CTAA" 분자를 포함하지는 않는다. 아래의 모든 분자들을 포함하는 A, C, G, T로 구성된 가장 짧은 분자는 무엇인가?

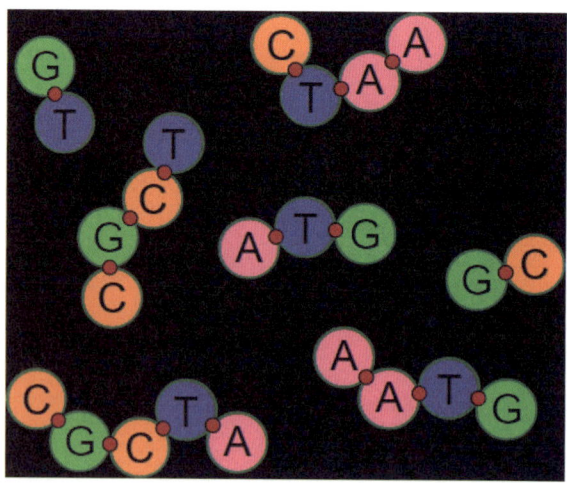

A) CGCTAATG   B) GTAATCGT   C) GCTAATGA   D) GTAATCGA

08 꽃 성장 순서 배열

2021-SA-02_Flower growth phases

사우디아라비아(Saudi Aradia)

문제의 배경

밥(Bob)은 잘못된 순서로 나열된 다섯 장의 꽃 성장 단계 그림을 가지고 있다.
밥은 그림들을 반에 전시하는데, 성장 단계에 따라 왼쪽에서 오른쪽의 순서로 다시 배열하려고 한다. 그림의 순서를 바꿀 때는 한 번에 두 장의 그림의 위치를 서로 맞바꿔야 한다.

문제 / 도전

위의 그림을 올바른 성장 순서대로 배열하려고 할 때, 최소 몇 번 맞바꿔야 할까?

A) 3
B) 4
C) 5
D) 6

[초등학교 5~6학년용]

09 점프하는 원숭이

슬로베니아(Slovenia)

2021-SI-02_Jumping Jack

공원에 사는 원숭이 잭은 나무에서 나무로만 움직일 수 있다. 아래 그림처럼 가로나 세로로는 최대 2칸, 대각선으로는 1칸을 이동할 수 있다. 잭은 최대한 많은 나무를 거쳐 가려고 한다.

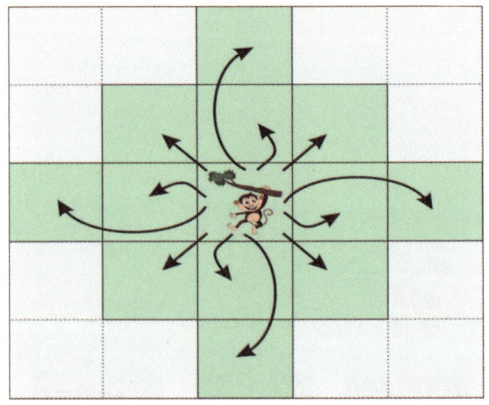

문제 / 도전

다음은 공원의 각 칸에 심겨 있는 나무이다.

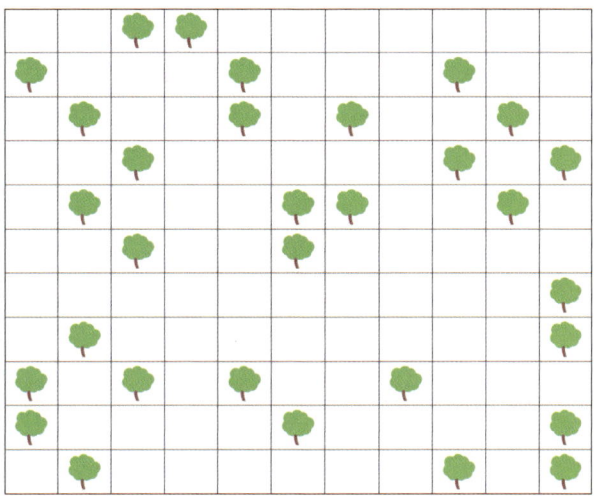

잭이 나무 1개를 선택하여 땅을 밟지 않고 이동할 수 있는 나무의 최대 개수를 구하시오.
(단, 잭이 선택한 나무 1개도 개수에 포함한다)

A) 5개　　　　　B) 7개　　　　　C) 8개　　　　　D) 31개

[초등학교 5~6학년용]

10 은행 금고의 암호

대만(Taiwan)

2021-TW-04_Bank lock

 문제의 배경

비버 은행의 금고는 다음과 같은 기호 8개 중에 3개를 암호로 사용한다.

암호는 매일 자동으로 원래 기호에서 그다음 순서의 기호로 바뀐다. 그리고 가장 오른쪽에 있는 기호는 가장 왼쪽에 있는 기호로 바뀌게 된다.

예를 들어,
일요일 암호가 🌙✱⧖ 이라면,
월요일 암호는 ❀💛🌙 이 된다.

지난주 일요일에 관리자는 암호를 #▶💛 로 설정하고, 그에 따른 다음 주의 암호 목록을 작성하였다.

 **문제 / 도전**

다음 중 암호 목록 중 잘못된 것을 고르시오.

A) 수요일 🌙#⧖   B) 목요일 ❀💧🌙   C) 금요일 ▶⧖❀   D) 토요일 ✱❀▶

그룹 I : 01 나비 사진

 **정답**   B) 6

🐕 설명

처음으로 찍은 사진에는 나비가 64마리 있다. 사진을 한 번 찍을 때마다 나비의 수가 절반씩 사라진다고 했다. 이를 바탕으로 사진을 찍을 때마다 나비가 얼마나 남아 있는지를 다음 표와 같이 정리할 수 있다. 따라서 6번째 사진 찍은 후 나비는 2마리가 된다.

사진 찍은 횟수	1	2	3	4	5	6	7
나비의 수	64	32	16	8	4	2	1

🐕 핵심 주제 및 참고 웹사이트

▶ 알고리즘 분석(analysis of algorithm)
▶ 알고리즘 효율성(Algorithmic efficiency)
▶ 이진 탐색 알고리즘(binary search algorithm)
▶ https://ko.wikipedia.org/wiki/알고리즘_분석
▶ https://en.m.wikipedia.org/wiki/Algorithmic_efficiency
▶ https://ko.wikipedia.org/wiki/이진_검색_알고리즘

🐕 문제 속의 정보과학

나비가 64마리에서 2마리가 되려면, 절반씩 5번 줄어들어야 한다. 사진을 찍은 횟수는 절반으로 줄어든 횟수보다 1번 더 많다(처음 찍은 사진을 포함해야 하므로). 따라서 사진을 6번 찍으면 64마리의 나비가 2마리로 줄어든다.

6은 64보다 훨씬 작은 수이다. 이 방법을 활용하면 비교적 적은 절차를 거쳐 큰 수를 작은 수로 만들 수 있다. 정보과학자들은 이것을 이용해 효율적인 알고리즘을 만들기도 하는데, 이와 관련한 유명한 알고리즘이

바로 '이진 탐색'이다. 고등학교 정보 수업에서는 이런 종류의 알고리즘의 효율성을 수행시간의 관점에서 측정하는 방법을 배울 수 있다.

그룹 I : 02 거북이 경로

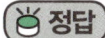 **정답은 다음과 같이 3가지이다.**

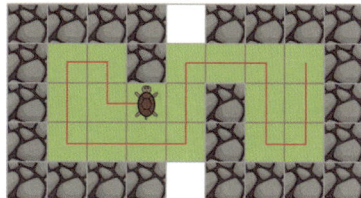 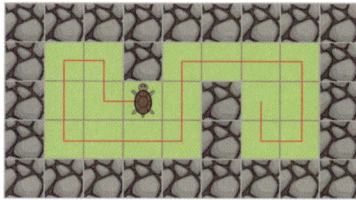 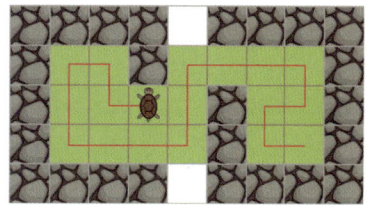

 설명

거북이가 모든 잔디를 지나기 위해서는 다음 그림과 같이 왼쪽 영역을 지나야 한다. 오른쪽 영역을 먼저 지나게 되면 왼쪽 영역으로 돌아올 방법이 없기 때문이다.

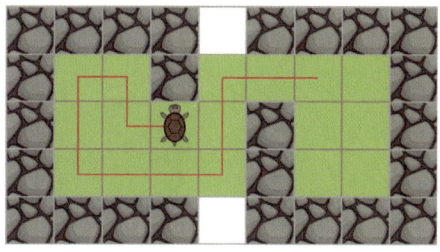

왼쪽 구역을 모두 지난 후 오른쪽에 남은 5개의 칸을 채우는 방법은 3가지 방법뿐이다.

 핵심 주제 및 참고 웹사이트

▶ 그래프(graph)

▶ 해밀턴 경로(Hamilton circuit)

▶ https://ko.wikipedia.org/wiki/그래프(자료_구조)

▶ https://ko.wikipedia.org/wiki/해밀턴_경로

🐶 문제 속의 정보과학

거북이는 각각의 잔디 칸을 정확히 한 번씩 방문하면서 모든 칸을 지나야 한다. 이 문제는 정보과학에서 "해밀턴 경로 문제"로 알려져 있다. 정원에서 각각의 잔디 칸은 노드(점)이고, 각 칸에서 다음 칸으로 움직이는 길은 경로이다. 19세기에 윌리엄 로완 해밀턴(William Rowan Hamilton)은 이런 경우, 모든 노드를 한 번씩 방문하여 다시 출발했던 노드로 돌아오는 순환 경로가 있는지 의문을 가졌다. 이 문제는 "해밀턴 순환 문제"라 불렸고 해결이 무척 어려웠다. "해밀턴 경로 문제"도 이와 비슷한 문제이지만, 출발했던 노드로 돌아오지 않아도 된다는 차이점이 있다. 정보과학자들은 임의의 그래프에 그러한 "해밀턴 경로"가 있는지를 효율적으로 판별할 수 있는 알고리즘이 있는지 지금까지도 연구 중이다.

그룹 I : 03 선물 나눠주기

정답 B)

🐶 설명

선물을 나눠주는 가장 좋은 방법은 다음과 같다.

두 번째와 세 번째 비버의 1순위 선물이 같으므로 두 비버를 1순위에서 만족시킬 수는 없다. 위에 표시된 방법은 1순위를 2개, 2순위를 1개 만족한다. 이 경우보다 더 나은 경우는 불가능하다. 만약 두 번째 비버에게 두 번째 선물을 할당했다면 세 번째 비버에게는 전혀 원하지 않는 선물을 주어야 하기 때문이다.

 핵심 주제 및 참고 웹사이트

▶ 매칭(matching) 알고리즘
▶ 분할정복(divide and conquer) 알고리즘
▶ https://en.wikipedia.org/wiki/Divide-and-conquer_algorithm

 문제 속의 정보과학

이런 문제를 해결하기 위해 어떤 알고리즘이 사용될까? 선물을 나누어주는 모든 방법 중 가장 좋은 것을 선택할 수 있다. 이 문제에서는 6가지(3×2×1) 방법의 수를 따져봐야 한다. 그리고 일부 방법에서 몇몇 비버는 1순위 선물을 받지 못하고 2순위의 것을 받게 될 것이다. 그런데 만약 10마리의 비버와 10개의 선물이 있다면 300만 개 이상의 경우의 수를 거쳐야 한다. 사람의 힘으로는 몇 달이 걸리는 일이다. 정보과학에서는 이처럼 가능한 조합을 모두 확인해야 하는 경우의 수 문제를 효율적으로 해결할 때 사용할 수 있는 분할정복 알고리즘이 있다.

그룹 I : 04 축구 유니폼

 B)

 **설명**

A 유니폼은 검은 소매가 있기 때문에 정답이 아니다.
B 유니폼은 소매가 검은색이 아니고 검은색 깃이 있으며, 줄무늬가 없기 때문에 B가 정답이다.
C 유니폼은 줄무늬가 있기 때문에 정답이 아니다.
D 유니폼은 소매가 검은색이기 때문에 정답이 아니다.

핵심 주제 및 참고 웹사이트

▶ 조건(condition)

▶ 불 논리(boolean logic)

▶ https://www.bbc.co.uk/bitesize/guides/zqp9kqt/revision/1

 문제 속의 정보과학

이 문제에서는 두 가지 조건이 참이어야 하며(소매 색상과 깃 / 몸 부분의 색상), 한 가지 조건(줄무늬)이 거짓이어야 한다. 컴퓨터 프로그래밍에서 조건을 이해하는 것은 매우 중요하다. 모든 프로그래밍 언어에는 조건을 사용할 수 있다. 조건에 따라 프로그램의 어떤 명령어를 다음에 실행해야 하는지를 알려줄 수도 있고(if 문), 어떤 객체를 객체 리스트에 포함하거나 제외해야 하는지를 알려주는 데도 사용할 수 있다. 또한 이 문제에서는 논리 연산자 AND와 NOT의 개념도 포함할 수 있고, 교집합의 개념도 포함될 수 있다.

기계 학습 분야에서 분류란 컴퓨터 프로그램이 특징에 따라 객체를 그룹화하는 것이다. 예를 들어, 기계 학습 컴퓨터 프로그램은 두 가지 유니폼의 유형을 구분하기 위해 어떤 조건(깃, 소매, 줄무늬, 별, 색상, 길이, 문양)이 가장 적합한지 파악할 수도 있다.

그룹 I : 05 인형 옷

 C)

 설명

디자이너는 A, B, D 인형 옷은 네 가지 옷감을 모두 사용하여 만들었다. 그러나 C는 세 가지 재료만 사용하였으므로 규칙을 충족하지 못했다.

 핵심 주제 및 참고 웹사이트
▶ 데이터
▶ 규칙

 문제 속의 정보과학
데이터 구조는 데이터를 효율적으로 처리할 수 있도록 컴퓨터의 메모리에 데이터를 저장하고 조작하는 것을 의미한다. 이 데이터는 이미지, 숫자, 텍스트의 형태를 취할 수 있다.

그룹 I : 06 화살표 따라 그리기

 D)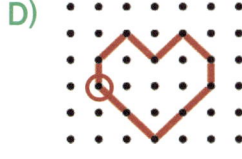

 설명
로봇은 빨강 동그라미로 둘러싸인 점에서 시작하며 화살표는 로봇이 명령을 따라 어떻게 이동하는지를 보여준다.

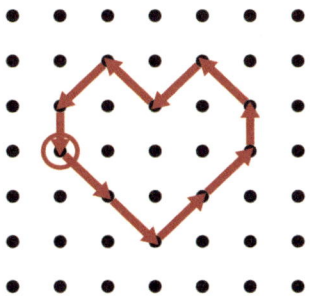

 핵심 주제 및 참고 웹사이트
▶ 프로그램(program)
▶ 시퀀스(sequence)
▶ 디버깅(debugging)

▶ https://www.webopedia.com/definitions/program/
▶ https://www.webopedia.com/definitions/sequence/
▶ https://en.wikipedia.org/wiki/Debugging

 문제 속의 정보과학

컴퓨터 프로그램은 컴퓨터가 수행할 작업을 지시하는 일련의 명령이다. 모든 컴퓨터 프로그램은 버튼을 누르거나 명령을 입력함으로써 실행된다.

학생들이 배우는 정보과학과 로봇공학의 기본 사항 중 하나는 로봇이나 컴퓨터가 순서나 절차에 따른 명령을 따르고 그 안에서 작업을 실행한다는 것이다. 학생들은 컴퓨터나 로봇이 주어진 정밀한 명령에 따라 반응한다는 것을 배우게 된다. 학생들은 문제 속에 있는 버튼 명령의 순서를 따르기 위해 알고리즘적 사고를 한다. 그리고 선다형 답변으로 제공된 데이터 표현을 보고 올바른 이미지를 선택할 것이다. 조리법(레시피)을 비유로 사용하면 학생들의 이해를 도울 수 있을 것이다. 요리의 순서는 명령(레시피)과 같으며 올바른 순서를 따라야 맛있는 식사를 만들 수 있다.

정보과학이나 로봇공학에서는 명령을 이해하고 무슨 일이 일어나는지 단계적으로 확인하며 명령을 실행하는 것이 중요하다. 또한 이 과정은 오류 수정을 위한 디버깅에 유용하다. 디버깅은 프로그램의 명령어 중 어디에 오류가 있는지 확인하기 위한 과정이다. 특히, 학생들이 디버깅을 할 때 그들이 프로그래밍하는 행동을 표현하는 것이 필요하다. 어디가 잘못되었는지 토론하는 것은, 학생들로 하여금 '우리 모두는 실수를 하고 그 실수를 고치는 단계가 필요함'을 배우는 데 효과적이다. 디버깅은 프로그래밍을 배우는 과정의 자연스러운 부분으로 최고의 컴퓨터 프로그래머들도 실수를 한다.

그룹 Ⅰ : 07 구절판

 C)

주어진 보기를 보면, 요리사 비버가 만든 구절판과 똑같은 것은 하나도 없는 것처럼 보인다. 하지만 보기의 구절판들을 회전시키면 요리사 비버의 구절판과 같은 모양을 찾을 수 있다. C를 회전시키면 요리사 비버가 만든 것

과 똑같은 반찬 순서가 나타나기 때문에 C가 요리사 비버가 만든 것과 똑같은 구절판이라는 것을 알 수 있다.

A) ⬛가 1개 부족하고, ⬛가 1개 많다.
B) ⬛과 ⬛사이에 ⬛가 있다.
D) ⬛가 1개 부족하고, ⬛가 1개 더 많다.
E) ⬛가 1개 부족하고, ⬛가 1개 더 많다.

🐶 핵심 주제 및 참고 웹사이트

▶ 패턴 인식(pattern recognition)
▶ 컴퓨터 비전(computer vision)
▶ https://en.wikipedia.org/wiki/Pattern_recognition
▶ https://en.wikipedia.org/wiki/Computer_vision

🐶 문제 속의 정보과학

정보 과학에서는 현재 상태와 목표 상태를 비교하고, 현재 상태를 목표 상태로 만들기 위해서 어떻게 바꿔야 하는지를 생각하는 것이 중요하다. 이 과정에서 두 상태가 서로 무엇이 같고 다른지를 파악하는 것을 패턴인식이라고 부른다.

패턴인식은 인공지능 기술의 한 분야인 컴퓨터 비전 연구에서 매우 중요하다. 정보 과학자들은 패턴인식을 활용하여, 자율 주행차(신호등)나 보안 카메라(외부 침입) 등에서 카메라로 수집한 이미지 데이터를 인식하는 것을 연구하고 있다.

그룹 I : 08 알파벳 목걸이

🍄 정답   A)

🐶 설명

문제를 해결하는 한 가지 방법은 LENA의 이름에서 한 글자씩 대응하는 모양 조합을 찾는 것이다.
– 알파벳 L은 BELLA의 목걸이 3번째 부분(💜🔷💜💜)에서 알 수 있다.

- 알파벳 E는 BELLA의 목걸이 2번째 부분(♥)에서 알 수 있다.
- 알파벳 N은 ANNA의 2번째 부분(◆♥)에서 알 수 있다.

문제를 해결하는 다른 방법은 ANNA와 BELLA의 목걸이로 조합을 찾아내고, 보기가 나타내는 알파벳이 무엇인지 알아보는 것이다.

- ANNA의 목걸이에서 A는 ♥◆이고, N은 ◆♥임을 알 수 있다.
- BELLA의 목걸이에서 B는 ◆♥♥♥, E는 ♥, L은 ◆♥♥이라는 것을 알 수 있다.
- 이를 적용하여 보기의 이름을 알파벳으로 나타내면 다음과 같다.

LENA	
BENA	
NENA	
LEAN	

핵심 주제 및 참고 웹사이트

▶ 부호화(encoding)
▶ 모스부호(Morse code)
▶ https://en.wikipedia.org/wiki/Character_encoding
▶ https://en.wikipedia.org/wiki/Morse_code

문제 속의 정보과학

우리는 일반적으로 정보의 양을 줄이거나, 의사소통을 효율적으로 하거나, 암호화하기 위해서 정보를 부호화합니다. 문자를 부호로 바꿀 때는 모스 기호를 사용하는 방법을 바탕으로 합니다. 문제 속 ♥는 모스 부호의 dot(●)이고, 문제의 ◆는 모스 부호의 dash(━)를 나타냅니다. ANNA 이름의 A(♥◆)는 모스부호 ●━로 부호화됩니다. 영어 알파벳의 각 문자를 모스 기호로 부호화하는 방법을 알아야 모든 영어 문장을 모스부호로 부호화할 수 있습니다. 이외에도 사진, 소리, 비디오와 같은 텍스트가 아닌 정보도 부호화할 수 있습니다.

그룹II : 01 미로

 정답   D) 4

설명
다음 그림과 같이 4에 도착한다.

동굴에 들어가면 규칙1에 따라 아래로 내려간다. 처음 만나는 갈림길(위 그림의 1번)에서 루나는 규칙2에 따라서 오른쪽으로 간다. 다음 갈림길(위 그림의 2번)에서 루나는 규칙1에 따라서 아래로 내려간다. 규칙1이 규칙2보다 먼저 적용되기 때문이다.

위 그림의 3~6번 갈림길은 규칙1과 규칙2만 적용하여 지나갈 수 있다. 그러나 7번 갈림길은 그럴 수 없다. 아래로 내려가거나 오른쪽으로 내려가는 길이 없기 때문이다. 따라서 규칙3을 적용하여 왼쪽으로 가야 한다. 이렇게 규칙들을 적용하여 내려가면 4번 보물에 도착하게 될 것이다. 규칙4는 올라가기 위한 것으로 보물을 찾는 데에는 사용하지 않는다.

핵심 주제 및 참고 웹사이트

▶ 프로그래밍(programming)

▶ 조건문(conditional)

▶ https://ko.wikipedia.org/wiki/컴퓨터_프로그래밍

▶ https://ko.wikipedia.org/wiki/조건문

 문제 속의 정보과학

프로그래밍 과정에서 조건문은 특정 조건에 따라 정해진 명령을 실행하고 싶을 때 사용된다. 조건을 만족하면 정해진 명령이 실행되며, 그렇지 않다면 다른 명령이 실행된다. 이 문제에는 3가지 조건이 규칙으로 제시된다. 갈림길에 도착했을 때, 내려갈 수 있으면 내려간다. 만약 내려가는 갈림길이 없고 오른쪽으로 갈 수 있으면 오른쪽으로 간다. 오른쪽으로도 갈 수 없으면 왼쪽으로 간다. 그리고 보물을 찾기 전까지는 위로 올라갈 수 없다.

그룹 II : 02 보물지도

 D) ㉣

 설명

보물 지도의 그림과 기호를 따라 이동하는 경로는 다음과 같다. 중요한 것은 숫자가 있는 그림이 포함된 구역에 대하여 그림의 방향과 숫자가 이동에 어떤 영향을 미치는지 확인해야 한다. 숫자가 적힌 두 개의 그림이 함께 들어있는 구역에 처음 들어갔을 때는 1이 가리키고 있는 방향으로 이동하고 두 번째 들어갔을 때는 2가 가리키고 있는 방향으로 이동해야 한다. 올바르게 이동하기 위해서는 현재 도착한 위치를 방문한 적이 있는지를 기억하고 있어야 한다.

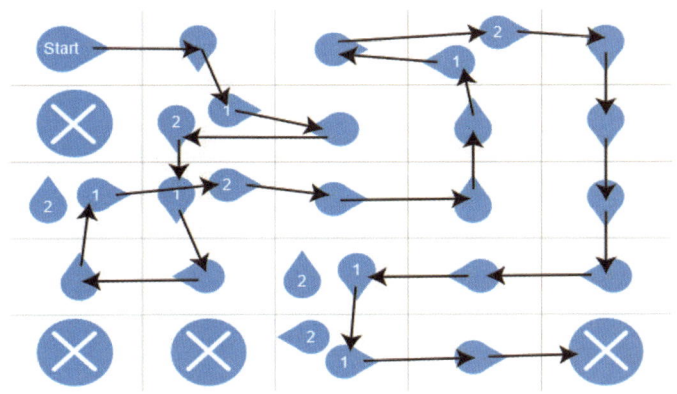

🐕 핵심 주제 및 참고 웹사이트

▶ 알고리즘 따라가기, 간단한 문제를 해결하거나 작업을 완료하기 위해서 순서대로 단계를 따르기, 알고리즘의 단계, 분기, 반복을 따르고 현재 단계를 이해하기

▶ https://aca.edu.au/curriculum/algorithms/

🐕 문제 속의 정보과학

우리는 알고리즘을 사용하여 우리 주변의 모든 문제를 해결한다. 알고리즘은 현재 상태에서 목표 상태로까지 이어지는 일련의 명령이다. 이 문제는 지도에 나타나 있는 데이터를 이해하고 해석해서 올바른 다음 장소로 정확하게 이동해야 한다. 이 문제에서 핵심 프로그램 개념으로 사용된 시퀀스와 분기는 아래와 같다.

- 시퀀스: 이 문제에서 명령어가 2차원으로 구성된 것으로 보이지만 각 명령어는 다음 명령을 가리키며 시퀀스를 생성한다.
- 분기: 분기는 예/아니오 분기에 따라 다른 명령어를 실행하는 것을 말한다. 숫자가 적혀진 명령 조합은 분기 명령을 생성한다.

그룹 II : 03 시장 보기

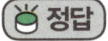 C)

 **설명**

집으로 날라야 할 모든 음식재료의 무게를 합한 결과는 1kg×2개 + 2kg×2개 + 3kg×2개 + 4kg×1개 + 5kg×1개 = 21kg이고, 4마리의 비버가 나를 수 있는 최대 무게를 합한 결과도 8Kg + 5kg + 5Kg + 3Kg = 21kg이다. 따라서 모든 음식 재료를 한 번에 집으로 가져오려면 모든 비버가 각자 나를 수 있는 최대 무게가 되도록 음식재료들을 잘 선택하여야 한다.

A)에서 바니가 8kg을 나르려면 8-4=4kg을 추가로 채워야 하는데, 바니가 이미 4kg을 선택하였고 4kg인 음식재료는 1개뿐이므로 선택할 수 없다.

B)에서 바니, 안나가 빈 바구니를 채우려면 각각 8-5=3kg, 5-2=3kg을 추가로 채워야 하는데, 데릭이 이미 3kg을 선택하였고 3kg인 음식재료는 2개뿐이므로 선택할 수 없다.

D)에서 데릭이 5kg을 나르려면 5-1=4kg을 추가로 채워야 하는데, 안나가 이미 4kg을 선택하였고 4kg인 음식재료는 1개뿐이므로 선택할 수 없다.

 핵심 주제 및 참고 웹사이트

▶ 제약 조건 만족(constraint satisfaction)
▶ https://en.wikipedia.org/wiki/Constraint_satisfaction

문제 속의 정보과학

이 문제를 해결하기 위해서는 어떤 비버가 어떤 음식 재료를 운반할 수 있는지 결정하기 위해 제약 조건을 지켜야 한다. 비록 많은 조건이 주어졌지만, 그중에서도 몇 가지 중요한 제약 조건이 있다. 예를 들면, 모든 음식 재료를 한 번에 운반해야 한다는 것, 각 비버가 운반할 수 있는 최대 무게에 제한이 있다는 것, 모든 비버가 2개의 음식 재료만 운반할 수 있다는 것이다. 컴퓨터를 사용할 때에도 이와 같이 주어진 제약 조건이 충족되어야만 수행할 수 있는 작업이 있다.

그룹Ⅱ : 04 동전 가방

 정답 C)

 설명

처음 동전 가방에는 1번 동전(녹색/노란색) 4개, 2번 동전(빨간색/파란색) 2개, 3번 동전(주황색) 1개, 4번 동전(보라색) 1개가 있었다.

	★❄	🔴🔵	🟠🟠	🟣🟣
처음 동전 가방	4	2	1	1
가방 A	3	3	1	1
가방 B	4	1	2	1
가방 C	4	2	1	1
가방 D	2	4	1	1

A는 녹색/노란색 동전이 3개 있기 때문에 정답이 아니다. 처음 동전 가방에는 녹색/노란색 동전이 4개 있다.
B는 주황색 동전이 2개 있기 때문에 정답이 아니다. 처음 동전 가방에는 주황색 동전이 1개뿐이다.
C는 정답이다.
D는 녹색/노란색 동전이 2개 있기 때문에 정답이 아니다. 처음 동전 가방에는 녹색/노란색 동전이 4개 있다.

핵심 주제 및 참고 웹사이트

▶ 다중 집합과 추상화 자료형
▶ 비정형 정보(unstructured data)
▶ https://en.wikipedia.org/wiki/Set_(abstract_data_type)#Multiset
▶ https://en.wikipedia.org/wiki/Unstructured_data

문제 속의 정보과학

이야기, 대화, 메시지, 쇼핑 목록과 같은 정보들은 길이와 순서가 일정하지 않을 수 있다. 이러한 정보들은 구조화 되지 않은 정보(비구조화된 정보, 비정형 정보)라고 한다. 정보과학자들은 때때로 정보를 처리할 때 이러한 비구조화된 정보들을 구조화하기 위한 방법을 개발해야 한다. 그러한 과정을 위해서는 어떠한 기능은 무시되어야 하고, 다르게 보이는 것들도 같은 것으로 취급되어야 한다. 이러한 과정을 '추상화'라고 한다. 이 문제에서는 매우 구조화되지 않은 자료의 예로 가방과 동전을 사용하였다. 예를 들어, 가방 속에는 특별한 질서가 없고, 같은 동전도 배치상태(앞면 또는 뒷면)가 다를 수 있다.

하지만 실생활에서는 더 복잡한 경우도 있다. 예를 들어, 사람의 구조화되지 않은 말(언어) 속에서 의미를 찾아내는 것은 컴퓨터에게는 어려운 작업이지만, 동시에 매우 중요한 작업이다. 예를 들어 사람들이 "이 영화의 어떤 점이 가장 좋았니?"라고 물어보았을 때, 사람들은 아래의 예시처럼 다양한 형태로 대답할 수 있다.

"영화음악이 완벽했어."
"노래가 좋았어."
"영화 속의 음악이 좋았어."

사람의 반응을 분석하는 컴퓨터는 위의 세 대답의 표현이 다르지만, 뜻이 모두 같다는 것을 알아내야 하기 때문이다.

그룹 II : 05 컵케이크

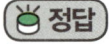 D) 파란색, 스프링클, 오렌지

 설명

D가 정답인 이유는 다음과 같다.
- 흰색 아이싱 다음에는 빨간색, 파란색 순이다. 따라서 'X' 컵케이크에는 파란색 아이싱이 만들어진다.
- 스프링클 다음에는 초콜릿 플레이크, 구운 견과류, 스프링클 순이다. 따라서 'X' 컵케이크에는 스프링클 무늬가 만들어진다.
- 블루베리 다음에는 체리, 키위, 딸기, 오렌지 순이다. 따라서 'X' 컵케이크에는 오렌지가 만들어진다.

 핵심 주제 및 참고 웹사이트

▶ 명령(instruction)

▶ 알고리즘(algorithm)

▶ https://en.wikipedia.org/wiki/Algorithm

 문제 속의 정보과학

이 문제는 알고리즘, 패턴 인식 및 상태 기억에 관한 컴퓨팅 사고의 과정을 담고 있다. 패턴 인식은 문제에서 규칙을 찾아내는 것이다. 이를 통해 반복되는 문제 상황에서 이전에 찾아낸 규칙을 이용하여 문제를 해결해낼 수 있다. 이 문제에서 재료가 사용되는 순서를 규칙으로 나타낼 수 있고, 각각의 재료(아이싱, 토핑, 과일)의 적용은 기본적으로 반복적인 알고리즘을 따른다.

알고리즘은 명령들의 모음이다. 명령을 따르는 것은 정보과학에서 매우 중요한 작업 처리 과정이고, 컴퓨터가 작동하는 기본 방식이다. 명령은 컴퓨터가 무엇을 해야 하는지 알려주고, 다음 과정을 따르도록 한다. 프로그래밍 언어에서도 명령어의 순서는 매우 중요하다. 순서를 변경함으로써 프로그램의 출력을 변경할 수 있다. 이 문제에서 재료의 순서는 각 컵케이크의 형태와 관련해 매우 중요하다.

상태를 기억하는 것 또한 많은 프로그래밍 언어의 필수적인 부분이다. 컴퓨터 프로그램은 정보를 저장할 수 있고, 상태를 변화시킴으로써 다음 동작에 영향을 줄 수 있다. 컴퓨터 프로그램에서 상태를 기억하는 가장 보편적인 방법은 특정 값을 변수에 저장하는 방법이다.

그룹 II : 06 공 움직이기

 B) 6번

 설명

다음과 같은 순서로 공을 움직일 수 있다. 순서는 다르더라도 최소 여섯 번의 과정을 거쳐 공을 움직이는 다른 방법도 있을 것이다.

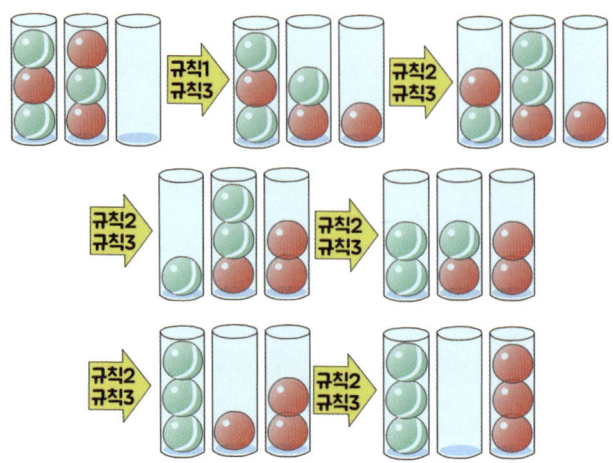

핵심 주제 및 참고 웹사이트

▶ 스택(stack)

▶ https://en.wikipedia.org/wiki/Stack_(abstract_data_type)

문제 속의 정보과학

정보과학에서 스택이라고 불리는 것은 데이터를 저장하는 데 사용된다. 스택의 특징은 가장 위에 있는 데이터에만 접근하여 옮길 수 있다는 것이다. 위의 예시에서 원통은 스택과 같은 역할을 한다. 원통의 맨 위에만 공을 넣을 수 있고, 꼭대기에 있는 공만 옮길 수 있다. 그 밖에 공에는 접근할 수 없다.

그룹 II : 07 재미있는 필터 앱

 D)

 설명

'이빨 확대' 필터를 사용하지 않기 때문에, 원래 사진의 이빨이 크다는 것을 짐작할 수 있다. 따라서 상대적으로 작은 이빨의 A와 C 사진은 정답이 아니다. 또한, 필터를 적용한 최종 사진에 수염이 있다. 하지만, 수

염을 추가하는 필터는 없기 때문에 필터를 적용하지 않은 원본 사진에 수염이 있어야 한다. 따라서 A와 B는 정답이 아니다.

마지막으로 아래 사진과 같이 두 필터가 사진에 가졌던 효과를 반대로 해서 답을 찾을 수 있다. '볼터치' 필터를 제거하면 중간에 사진이 나오고, 가운데 사진에 있는 "계란형 얼굴" 필터를 제거한 후에 우리는 처음 사진인 오른쪽에 사진을 확인할 수 있다.

 핵심 주제 및 참고 웹사이트

▶ 속성(property)

▶ https://en.wikipedia.org/wiki/Property_(programming)

 문제 속의 정보과학

이 문제에서는 속성(properties)을 사용하여 비버의 얼굴을 설명한다. 비버의 각 속성은 서로 다른 값을 가질 수 있다.

– 이빨은 짧거나 길 수 있다.
– 수염이 있거나 없을 수 있다.
– 얼굴 모양은 둥글거나 계란형일 수 있다..
– 볼터치가 있어 빨간색이거나 없을 수 있다.

사진 앱의 각 필터는 이러한 속성 중 하나를 변경한다. 컴퓨터가 실제 세계의 사물들을 조작할 때, 사물을 속성들의 목록으로 나타낸다. 컴퓨터 데이터베이스에 있는 사람들의 정보는 이름, 성, 성별, 생년월일, 출생지 등과 같은 속성을 가지고 있다. 이러한 속성을 검색하여 '2017'년 '서울'에서 태어난 '여자'인 모든 사람들의 정보를 찾을 수 있다.

그룹 II : 08 둥근 비버

 **정답**   D) 17

 설명

이 문제를 해결하기 위해서는 먼저 원을 찾아야 한다. 이렇게 하면 나머지 부분은 무시될 수 있는데, 여기에서는 비버를 구성하고 있는 각 부분의 모양만 관련이 있다고 보는 것이 중요하다. 또한 원은 테두리가 있든 없든 그릴 수 있다는 것도 중요하다. 만약 테두리를 사용하지 않는다면 원의 수는 더 많아지게 될 것이다.

 핵심 주제 및 참고 웹사이트

▶ 패턴(patterns)

▶ 알고리즘(algorithm)

▶ 추상화(abstraction)

 문제 속의 정보과학

이 문제와 관련된 것은 추상화 과정이다. 추상화는 정보과학에서 널리 사용되며 컴퓨팅 사고의 중요한 부분이다. 추상화의 한 측면은 주어진 문제를 해결하는 데 필요한 정보를 선택하는 것이다. 프로그램을 작성할 때 프로그래머는 끊임없이 고려 사항을 결정한다. 이것은 모델링이라고도 불리는 정보과학 개념으로, 컴퓨터가 어떤 정보를 필요로 하고 어떤 형태로 주어진 과제를 해결할 것인지를 결정하는 것이다.

머신러닝 기술은 컴퓨터가 이러한 과제를 해결할 수 있도록 개발되었다. 특히 패턴 인식 알고리즘은 데이터의 패턴과 규칙성을 인식하는 데 초점을 둔 머신러닝의 한 분야이다. 인식에 대한 한 접근 방법은 객체를 고유하게 식별할 수 있는 특정한 특성을 추출하는 것이다.

그룹 II : 09 과수원 길

정답   C) 3

설명
아래 그림과 같이 '파인애플이 포함되지만, 오렌지가 포함되지 않은' 경로는 3개 있다.

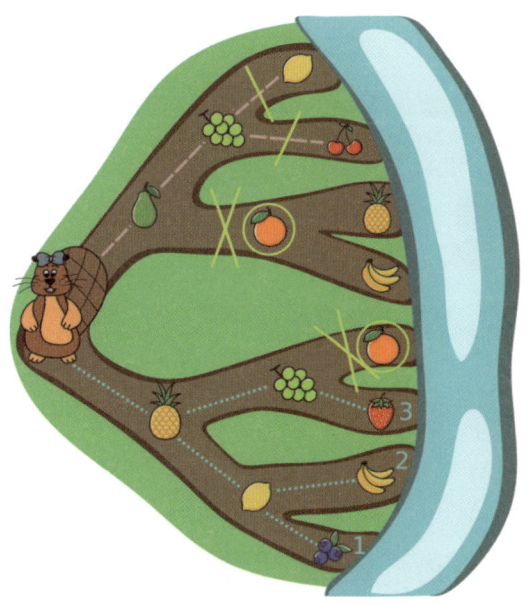

핵심 주제 및 참고 웹사이트
▶ 그래프(graph)
▶ 트리(tree)
▶ https://en.wikipedia.org/wiki/Tree_(data_structure)
▶ https://en.wikipedia.org/wiki/Tree_(graph_theory)

문제 속의 정보과학

강으로 걸어가는 길에서 비버는 각 과일을 딴 후 앞으로 갈 방향을 결정하는 데, 강 쪽으로 한 번에 한 방향만 선택할 수 있다. 이때 이동 경로는 간선으로, 과일은 노드로 그려지고, 강으로 가는 모든 길은 일방통행이다. 정보과학에서는 이러한 그림을 그래프, 그 중에서도 트리라고 한다.

이 트리에는 경로가 시작되는 뿌리(루트, 비버의 집)가 있다. 그래프는 노드(과일)와 이를 연결하는 간선(경로)으로 구성된다. 각 노드에서 비버는 자신이 정한 규칙에 의해 앞으로 나아갈 방향, 즉 경로를 결정하게 되는 데 이것은 일종의 '의사결정트리'이다.

비버의 거주지에서 강까지의 그래프에서 원하는 경로를 세어볼 수 있다. 파인애플은 있고 오렌지가 없는 것과 같은 특정 조건을 충족하는 특수한 경로도 있다.

그룹 II : 10 캥거루 점프

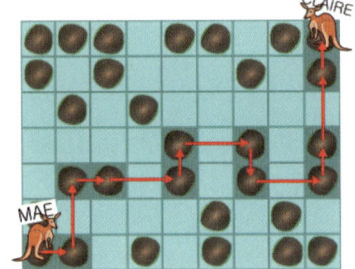

 설명

A)와 C)는 긴 점프를 3번 연속해서 할 수 없기 때문에 클레어(CLAIRE)에게 갈 수 없다.

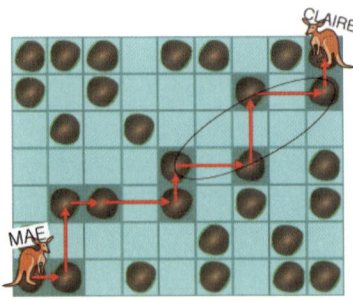 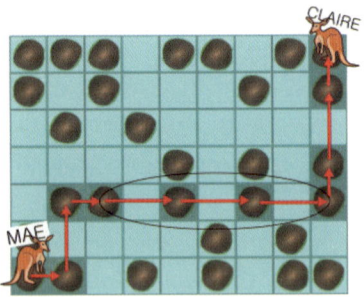

B)는 한 번에 세 칸 거리의 바위로 점프할 수 없기 때문에 클레어(CLAIRE)에게 갈 수 없다.

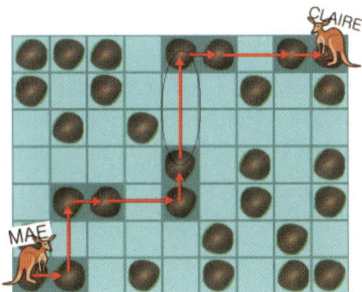

 핵심 주제 및 참고 웹사이트

▶ 너비우선탐색(breadth-first_search)

▶ 리 알고리즘(Lee algorithm)

▶ https://en.wikipedia.org/wiki/Breadth-first_search

▶ https://en.wikipedia.org/wiki/Lee_algorithm

 문제 속의 정보과학

이 문제는 너비 우선 탐색 알고리즘에 기반한 Lee 알고리즘을 사용한다. Lee 알고리즘은 인접한 칸으로 파도처럼 흘러 퍼져나가는 것을 시뮬레이션한다. 이 문제에서는 캥거루가 먼저 길게 점프하고 난 뒤 짧게 점프하여 도착할 수 있는 바위의 칸들이 주변의 칸이 된다.

그룹Ⅲ: 01 방문 순서 정하기

 55

🐶 **설명**

벤은 두 가지 가장 빠른 방법으로 쇼핑을 할 수 있다. 한 가지 가장 빠른 방법은 아래의 그림과 같이 집 → 마트 → 카페 → 케이크 가게 → 이발소 → 집 순서로 가는 것이다.

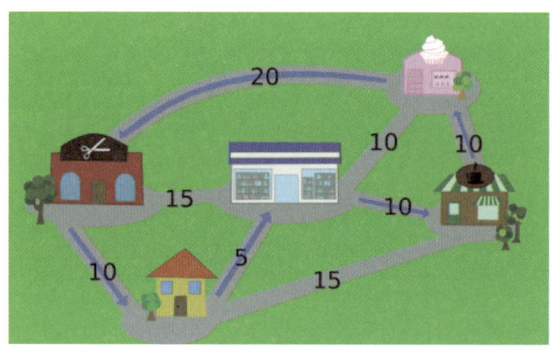

그리고 집 → 이발소 → 케이크 가게 → 카페 → 마트 → 집과 같이 첫 번째 방법과 반대 방향으로 가면 다른 길을 찾을 수 있다.

답을 빨리 찾기 위하여, 몇 개의 길을 지워서 지도를 단순하게 바꿀 수 있다. 이발소와 마트 사이의 길이 이발소 → 집 → 마트 또는 그 반대로 가는 것과 같은 시간이 걸리기 때문에 지울 수 있다.

또한 집과 카페 사이의 길도 집 → 마트 → 카페 또는 그 반대로 가는 것과 같은 시간이 걸리기 때문에 지울 수 있다. 최종적으로 아래와 같이 지도를 단순화하여 정답을 찾을 수 있다.

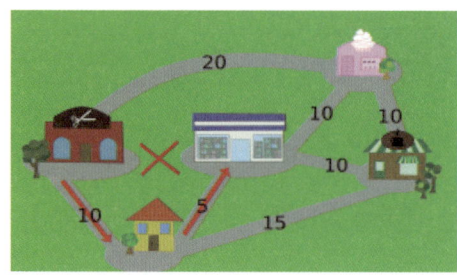
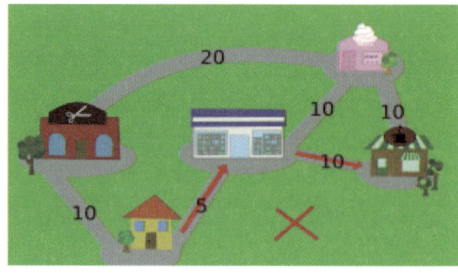

핵심 주제 및 참고 웹사이트

▶ 여행하는 외판원 문제(traveling salesperson problem)
▶ 계산복잡도 이론(computational complexity theory)
▶ https://en.wikipedia.org/wiki/Travelling_salesman_problem
▶ https://en.wikipedia.org/wiki/Computational_complexity_theory

문제 속의 정보과학

이 문제는 여행하는 외판원 문제(TSP: Traveling Salesperson Problem)와 유사하다. TSP 문제는 영업 사원이 들려야 할 모든 지역을 방문하고 집으로 돌아갈 수 있는 최적의 경로를 찾는 것이다. 이 문제는 정보과학에서 매우 유명하며, 실제로 많은 분야에서 활용되고 있다. 예를 들어, 특급 배송 로봇이 상품을 다른 목적지로 배달하기 위한 경로를 찾으려고 할 때 경로 계획 프로그램은 TSP로 해결할 수 있다. 또 다른 예는 자동차를 운전할 때, 휴대전화의 내비게이션 소프트웨어가 TSP를 해결하여 가장 빠르게 목적지에 가는 방법을 찾는 것이다.

TSP는 방문해야 할 장소가 많아질수록 어려워진다. 예를 들어 100개 정도만 되어도 컴퓨터가 현재 알려진 알고리즘을 사용하여 최적의 경로를 찾을 때 엄청난 시간이 걸린다. 그래서 더 많은 도시나 상점에 대해 TSP를 풀고자 할 때 컴퓨터 과학자는 근사치를 찾는 알고리즘을 설계한다.

그룹Ⅲ: 02 택시를 잡아라

 A) – 직진, – 우회전,  – 좌회전, – 후진

 설명

1) 교통표지판의 의미가 A와 같다면, 다음 그림과 같이 공항에 도착한다.

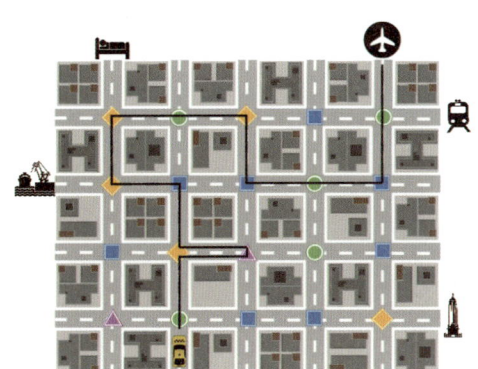

A)	● 직진	◆ 우회전	■ 좌회전	▲ 후진

2) 교통표지판의 의미가 B와 같다면 다음과 같이 공항에 도착하지 못한다.

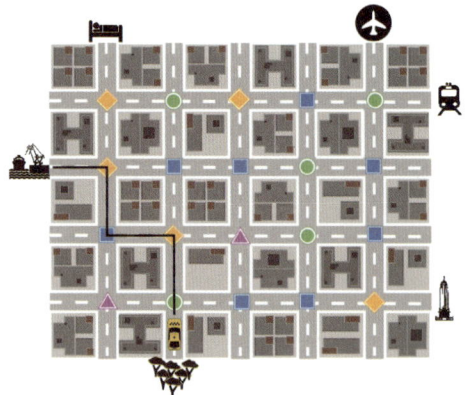

B)	● 직진	◆ 좌회전	■ 우회전	△ 후진

3) 교통표지판의 의미가 C와 같다면 다음과 같이 공항에 도착하지 못한다.

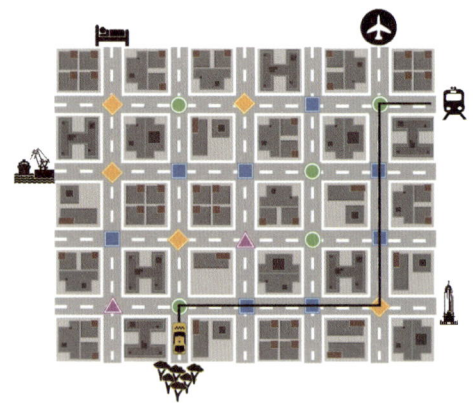

C)	● 우회전	◆ 좌회전	■ 직진	△ 후진

4) 교통표지판의 의미가 D와 같다면 다음과 같이 공항에 도착하지 못한다.

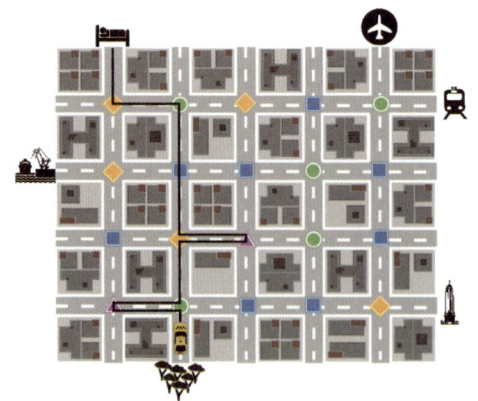

D)	● 좌회전	◆ 우회전	■ 직진	△ 후진

핵심 주제 및 참고 웹사이트

▶ 인공지능(artificial intelligence)
▶ 디지털 교통표지판(digital traffic sign)
▶ https://en.wikipedia.org/wiki/Artificial_intelligence
▶ https://en.wikipedia.org/wiki/Variable-message_sign

문제 속의 정보과학

매우 간단한 구조로 이루어진 어떤 컴퓨터 프로그램은 서로 다른 4가지 종류의 명령만을 사용하기도 한다. 이 문제에서는 출력 값에 따라 어떤 기호가 어떤 명령을 의미하는지 파악해야 한다. 따라서 이 문제를 해결하기 위해서는 컴퓨팅사고력의 알고리즘 이해 역량이 필요하다.

문제에서 다루는 주제인 자율주행차 및 기타 다양한 자율주행기계는 서서히 일상화되고 있는 인공지능 기술의 한 예이다. 자율주행차는 환경을 이해하기 위해 광범위한 센서(카메라, 레이더, 초음파 등)를 장착한다. 컴퓨터 비전 소프트웨어는 자동차를 차선으로 유지하고, 표지판을 따라가고, 보행자를 피하기 위해서 센서를 사용한다. 이 문제에서 택시는 목적지에 도착하기 위해 교통표지판을 차례로 따라가기 때문에 완전 자율주행이라고 부를 수는 없다. 미래의 완전 자율주행자동차는 주변 환경 감지, GPS 및 지도 데이터, 교통 정보, 그리고 심지어 다른 자율주행차의 정보에 기초하여 인공지능을 사용하여 경로를 결정할 것이다.

그룹Ⅲ : 03 목걸이 표현

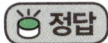 B) 13

설명

이 목걸이는 별 모양-삼각형과 삼각형-별 모양 중 어느 것을 반복하여 사용하느냐에 따라 다양한 방법으로 표현할 수 있다. 3가지 모두 같은 목걸이 모양에 관한 다른 표현이며, 길이 13이 가장 짧은 표현 방법이다.

- 길이 13: S2RT3S3(ST)4L
- 길이 13: SRRT4STSTST4L
- 길이 14: S2RT4S2(TS)T4L

핵심 주제 및 참고 웹사이트

▶ 데이터 압축(data compression)

▶ 런 렝스 부호화(run-length encoding)

▶ https://ko.wikipedia.org/wiki/데이터_압축

▶ https://ko.wikipedia.org/wiki/런_렝스_부호화

 문제 속의 정보과학

이 문항은 정보 과학의 데이터 압축 분야와 관련 있다. 이 개념은 가능한 한 적은 양의 공간을 사용하여 데이터를 표현하고 저장하는 동시에 언제든지 원본 데이터를 복구할 수 있는 기술을 설계하기 위한 것이다. 이러한 모든 기술은 중복되는 것을 찾아보다 간결하게 표현하는 방법을 사용한다.

그룹Ⅲ: 04 딸기와 나뭇가지

정답 C) 3번 막대

 설명

아래 그림에서 나현이가 딸기를 도토리로 바꿨다면 2, 4번 막대를 제거해야 하고, 조약돌로 바꿨다면 1, 5번 막대를 제거해야 한다.

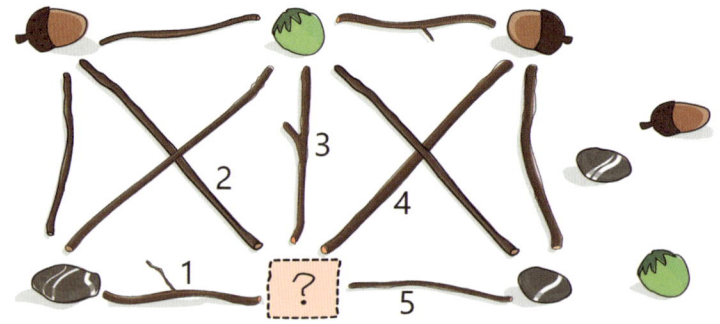

그러나 나현이는 막대를 1개만 제거하였으므로, 딸기를 헤이즐넛으로 바꾸었고 다음 그림과 같이 3번 막대 하나만 제거하면 규칙을 지킬 수 있었다.

핵심 주제 및 참고 웹사이트

▶ 그래프 색칠(graph coloring)
▶ https://ko.wikipedia.org/wiki/그래프_색칠

문제 속의 정보과학

정현이가 만든 모양은 그래프이다. 4가지 물건은 정점이고 막대는 간선이다. 그래프에서 간선은 정점을 연결한다. 간선을 공유하는 2개의 정점을 이웃이라고 한다. 각 정점이 다른 모든 정점과 이웃하는 정점들의 집합을 클릭(clique)이라고 한다. 정현이가 만든 그래프는 왼쪽의 절반과 오른쪽 절반에 크기가 4인 클릭이 2개 있다.

이 상황에서 서로 이웃한 정점은 다른 색으로 칠하려고 한다. 가장 적은 종류의 색을 이용하여 이 문제를 해결하려 한다면, 필요한 색의 수는 가장 큰 클릭의 크기와 같다. 딸기를 제거하는 것은 최대 3개의 색을 이용해서 정현이의 그래프를 색칠하는 것과 같은 문제이다. 이것은 나현이가 막대기를 1개 제거해야 하는 이유와 같다. 왜냐하면 막대를 제거하지 않으면 크기가 4인 클릭이 2개 있기 때문이다. 이처럼 가장 적은 종류의 색을 이용하여 그래프를 색칠하는 문제는 스포츠 경기 일정 잡기, 좌석 배치 계획, 스도쿠 퍼즐 해결 등 다양하게 응용된다.

그룹Ⅲ: 05 사라진 조각상

 F

설명

사라진 조각상은 아래와 같이 공원 오른쪽 하단(F)에 위치해 있다. 다음은 공원에서 잔디 깎는 로봇이 지나가는 경로를 선으로 나타낸 것이다. 로봇이 잔디를 깎기 시작한 직후 잔디밭 한가운데서(F) 방향을 바꾸었다. 이것은 로봇이 물건인 나무에 부딪혔다는 것을 보여준다. 그리고 방향을 바꾼 로봇은 공원 경계에 도달한 후 새로운 방향으로 또 변경했다. 그리고 공원벤치, 화단, 공원경계, 동상, 공원벤치(다시), 화단(다시), 공원 경계, 나무(다시)와 충돌한 뒤 동상이 있던 바로 그 지역을 통과했다. 로봇은 방향을 바꿔 기존에 물건(조각상)이 있었던 지역을 지나 위쪽 경계까지 이동한 뒤 충전 구역으로 다시 이동했다.

이 지도는 로봇이 이른 밤에는 공원의 무언가에 부딪혀 방향을 바꾸었지만, 늦은 밤에는 공원 하단의 오른쪽 지역에서 방향을 바꾸지 않고 그냥 통과해서 지나갔다는 것을 우리에게 보여준다. 이를 통해 조각상이 사라지고 로봇이 어떤 조각상에 부딪히지 않고 통과했다는 것을 알 수 있다.

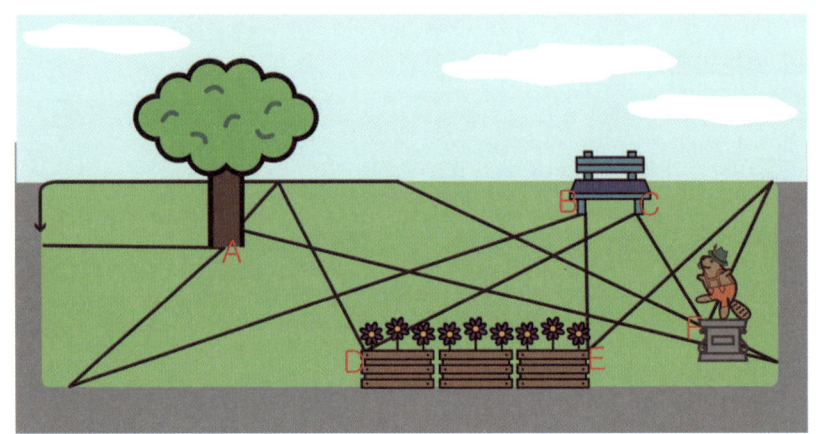

핵심 주제 및 참고 웹사이트

▶ 알고리즘(algorithm)
▶ https://ko.wikipedia.org/wiki/알고리즘

문제 속의 정보과학

이 과제는 공원 내 물건과 로봇 사이의 관계를 찾는 것이다. 이 로봇의 동작은 규칙에 의해 제어되고 환경에 영향을 받는다. 이러한 종류의 추론은 컴퓨팅 사고력의 일부이며 패턴 인식, 데이터 표현 및 해석을 포함한다.

잔디 깎는 로봇은 매우 간단한 프로그램에 의해 제어된다. 상업용 제품의 소프트웨어는 더 스마트할 수 있다. 어떤 로봇들은 무작위로 방향을 바꾸는 대신 잔디밭의 물체 주위를 움직일 수 있다. 몇몇 매우 똑똑한 로봇들은 잔디의 디지털 지도를 만들고 무작위로 움직이는 대신 체계적으로 움직인다. 잔디 깎는 로봇들은 매우 실용적이지만 작은 동물들을 다치게 하거나 죽게 하는 등의 단점도 있다. 그러므로 잔디 깎는 로봇은 사람의 감독하에 낮에만 작동될 수 있도록 허용되어야 한다.

그룹Ⅲ: 06 기억 그물

 정답   D)   ① 은 ~이다.   ② 은 ~이다.   ③ 날개

설명

꿀벌은 벌레이면서 동물이기 때문에, '꿀벌은 벌레다', '꿀벌은 동물이다'라고 두 가지 방법으로 표현할 수 있다. 따라서 '은 ~이다'는 ①, ②에 모두 쓸 수 있고, '은 ~을 만든다' 또는 '은 ~을 가진다'는 적절하지 않다. ③에 들어갈 낱말은 꿀벌과 나비가 모두 가지는 것이다. 예를 들어 꿀벌과 나비는 머리, 날개를 모두 가진다.

핵심 주제 및 참고 웹사이트

▶ 시맨틱 네트워크(semantic network)
▶ 지식 표현(knowledge representation)
▶ https://en.wikipedia.org/wiki/Semantic_network
▶ https://en.wikipedia.org/wiki/Knowledge_representation_and_reasoning

문제 속의 정보과학

컴퓨터과학 분야에서는 데이터를 처리하여 특정한 목적에 이용할 수 있는 정보를 생성하고, 이 정보를 수집하여 지식을 구성한다. 세상에 관한 정보를 표현하여 컴퓨터 시스템에서 이용할 수 있도록 하는 과정을 지식 표현이라고 부른다. 이것은 인공지능의 추론 분야 연구에서 매우 중요하게 다루어진다. 지식 표현 방법에는 규칙, 논리, 의미, 네트워크, 프레임, 스크립트 밑 온톨로지 등이 있다.

시맨틱 네트워크는 객체, 개념, 이벤트를 표현하는 노드 집합과 노드 간의 관계를 표현하고 연결하는 화살표의 집합으로 구성된 지식 표현 방법이다. 문제에서 노드는 동물, 동물의 신체 부위, 동물이 만들어내는 것을 의미하고 화살표는 노드 간의 관계를 의미한다. 특히 화살표의 방향은 관계의 주체가 누구인지를 표현한다.

그룹Ⅲ: 07 유전자 재구성

정답 A) CGCTAATG

설명
우리는 위 분자가 문제에서 주어진 모든 분자를 포함할 수 있다는 것 알 수 있다. CGCTA와 AATG의 경우 한 TA, AT의 두 문자만 겹쳐지기 때문에 아래의 그림이 가장 짧은 분자이다.

핵심 주제 및 참고 웹사이트
▶ 유전자 분석
▶ https://en.wikipedia.org/wiki/Genetic_analysis

문제 속의 정보과학
생물 정보학은 정보과학과 생물학의 접점에 있는 매우 중요한 과학이다. 과학자들은 각각 다른 DNA들에서 엄청난 양의 자료를 수집하고 분석해야 한다. 첫 번째 단계는 실험적으로 얻은 작은 조각들로부터 초기 DNA를 재구성하는 것이다. 이 문제에서는 이 첫 번째 단계를 표현하였다. DNA 분자는 4가지 알파벳으로 구성되고 정보과학의 관점에서 모든 조각을 포함하는 단어를 만들어야 하는 문제를 해결해야 한다.

그룹Ⅲ: 08 꽃 성장 순서 배열

정답 A) 3

설명

꽃의 성장 단계를 올바르게 정렬하기 위해서는 아래의 순서대로 3번의 위치 교환이 필요하다.

위치 교환	결과
위치교환1: 3과 5	
위치교환2: 2와 4	
위치교환3: 1과 2	

최소 3단계의 위치 교환이 필요한데, 그 이유는

1 : 마지막 위치에 3번의 그림이 있어야 하므로, 3을 5 위치로 보낸다. (최소 1 교환)

2 : 처음 위치에 4번의 그림이 있어야 하므로, 4를 1 위치로 보낸다. (최소 1 교환)

3 : 2번 그림을 4 위치로 반드시 보내야 하므로 최소 3 교환이 필요하다.

(5, 1, 4) 위치로 보내는 것이 서로 중복되지 않으므로 최소 3번의 위치 교환이 필요하다.

그런데 (3, 5), (2, 4), (1, 2) 위치 교환을 통하여 올바른 정렬이 이루어지기 때문에 4번째 위치 교환을 필요로 하지는 않는다.

핵심 주제 및 참고 웹사이트

▶ 스왑(swap)
▶ 변수 위치 교환(exchanging variables)
▶ https://en.wikipedia.org/wiki/Swap_(computer_programming)
▶ https://www.keil.com/support/man/docs/is51/is51_swap.htm
▶ https://www.geeksforgeeks.org/swap-two-numbers-without-using-temporary-variable/#:~:text=The%20bitwise%20XOR%20operator%20can,0101)%20is%20(0010)

 문제 속의 정보과학

정보과학에서 위치 교환 프로세스는 두 변수의 값을 상호 교환하는 것을 의미한다. 일반적으로 이 프로세스는 컴퓨터의 메모리에서 실행된다. 이 과정은 문자열이나 수집된 데이터와 같은 여러 가지 유형에서 활용될 수 있다.

프로그래머들은 두 변수의 값을 서로 바꾸어야 하는 상황을 많이 겪게 된다. 따라서 이러한 위치 교환 함수는 모든 프로그래밍 언어에 사용되는 일반적인 함수이다.

컴퓨터 프로그래밍에서 배타적 OR 스왑(XOR 스왑)은 일반적으로 위치 교환에 필요한 임시 변수를 사용하지 않고 XOR 비트 단위 연산을 사용하여 두 변수의 값을 교환하는 알고리즘이다.

그룹Ⅲ: 09 점프하는 원숭이

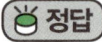 C) 8개

 설명

잭은 파란색으로 표시된 최대 8그루의 나무에 갈 수 있다. 나무 그룹을 나타내기 위해 5가지 색으로 표시를 했다.

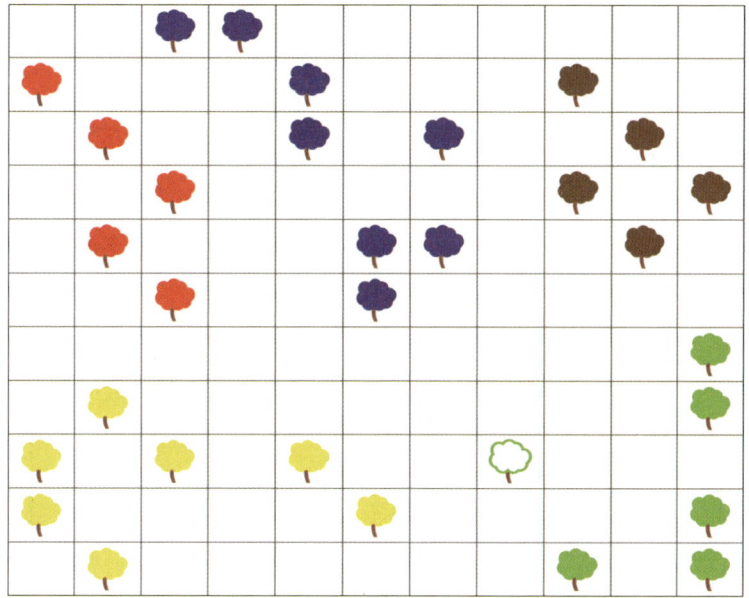

공원에는 기본적으로 6개의 그룹이 있다. 만약 잭이 노란색으로 표시된 나무에서 시작한다면 노란색 나무에는 모두 갈 수 있다. 하지만 다른 색에는 갈 수 없다. 이런 그룹을 찾는 방법은 다음과 같다. 먼저 원하는 나무를 하나 선택하고 색칠한다. 그리고 그 나무에서 이동할 수 있는 다른 나무들에 똑같은 색을 칠한다. 이 과정을 더 이상 다른 나무에 닿을 수 없을 때까지 반복한다. 아직 색칠하지 못한 다른 나무들이 있다면 다른 색을 선택하고 색을 칠하지 않은 나무에서 시작한다. 이렇게 칠한 5개의 그룹은 잭의 탐험을 시뮬레이션한 셈이 된다.

핵심 주제 및 참고 웹사이트

▶ 너비 우선 탐색

▶ 그래프 이론

▶ https://ko.wikipedia.org/wiki/너비_우선_탐색

▶ https://ko.wikipedia.org/wiki/그래프_이론

문제 속의 정보과학

그래프는 정점과 간선으로 구성되어 있다. 나무를 정점이라 부르고 잭이 두 나무 사이를 점프할 수 있으면 간선으로 연결한다. 아래의 그림에서 나무(정점) 사이의 검정 선을 이용해서 간선을 나타낸다.

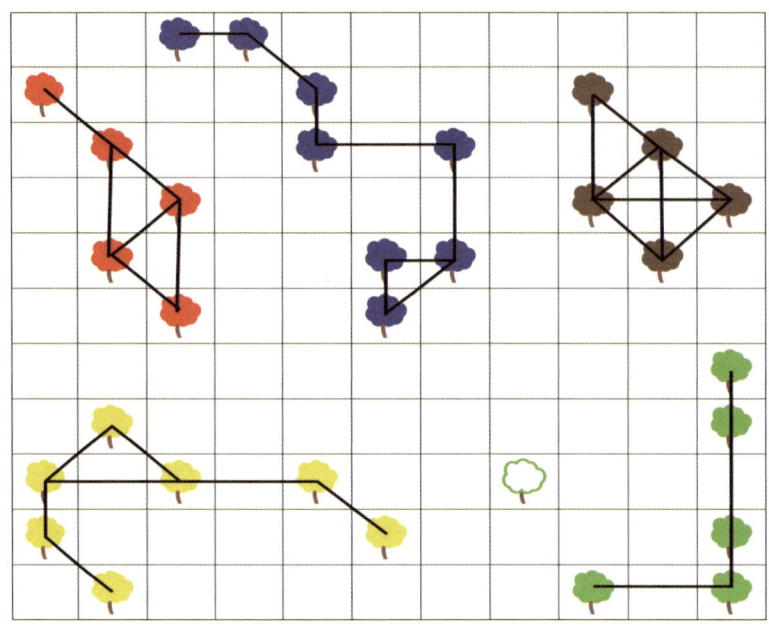

만약 잭이 한 나무에서 다른 나무로 이동하는 것을 표현할 수 있는 간선이 있다면, 두 나무는 같은 그룹에 속한다. 우리는 이 그룹을 그래프의 연결된 요소라고 부른다. 여기서 각각의 연결된 요소를 나타내기 위해 서로 다른 색을 사용했다. 색으로 나타내는 절차는 검색을 처리하는 다양한 그래프 알고리즘과 유사하다. 그것을 너비 우선 탐색 또는 깊이 우선 탐색이라고 한다.

그룹Ⅲ: 10 은행 금고의 암호

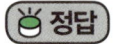 D) 토요일

 설명

다음은 한 주 간 변경될 암호 목록이다.

일요일에 설정한 암호	# ▶ ♥
월요일	♦ ✽ #

화요일	
수요일	
목요일	
금요일	
토요일	

따라서 A, B C의 암호는 정확하다. D는 ⁕✿▶ 아니고 ⁕🌙▶ 가 되어야 한다.

핵심 주제 및 참고 웹사이트

▶ 암호화

▶ 시저(카이사르) 암호

▶ https://en.wikipedia.org/wiki/Encryption

▶ https://en.wikipedia.org/wiki/Caesar_cipher

문제 속의 정보과학

은행 관리자는 암호 변경 시스템을 안전하다고 생각했을까? 누군가 기호표를 알고, 사용된 몇 가지 암호 코드를 보았다면, 쉽게 규칙을 발견하고 코드를 해독할 수 있을 것이다.

은행은 돈을 안전하게 보관해야 하기 위해서 정보를 안전하게 지켜야 한다. 즉, 이러한 암호나 규칙을 다른 사람에게 숨겨야 한다.

역사적으로 사람들은 자신의 메시지를 다른 사람에게 비밀로 하기 위해 다양한 암호화 방법을 사용하였다. 한 가지 예가 시저(카이사르)의 암호이다. 이 방법은 메시지의 각 글자를 일정한 수만큼 알파벳 순서 이전에 위치한 다른 글자로 대체하는 것이다. 이 방법은 안전하지 않고 해독하기 쉬운 것으로 밝혀졌다. 규칙을 발견하기 위해 관찰해야 하는 암호화된 메시지가 상대적으로 적게 필요하다.

최신 컴퓨터는 정보 보호를 위해 최신의 암호화 방법을 사용한다. 이러한 방법은 전통적인 방법과는 매우 다르다. 이러한 규칙은 유명하지만, 적어도 해독하기 매우 어렵다고 증명된 수학적 특징을 기반으로 한다.

비버챌린지 공식 교재 안내

[책 소개]
Bebras Korea가 직접 집필한 Bebras Challenge 공식 교재이다. 비버챌린지 문제를 통해 컴퓨팅 사고력을 기르고, 소프트웨어와 정보과학을 재미있고 의미있게 학습할 수 있다.

[이 책이 필요한 사람]
첫째, 컴퓨팅 사고력을 기르고 싶은 사람
둘째, 비버챌린지 참가자

◀ 비버챌린지 Ⅱ
: 비버챌린지로 배우는 소프트웨어(초등학생용)
Bebras Korea 지음 / 정가 15,000원

비버챌린지 Ⅱ ▶
: 비버챌린지로 배우는 정보과학(중학생용)
Bebras Korea 지음 / 정가 15,000원

◀ 비버챌린지 Ⅱ
: 비버챌린지로 배우는 정보과학(고등학생용)
Bebras Korea 지음 / 정가 15,000원

비버챌린지와 함께하는 컴퓨팅 사고와 정보과학 ▶
: 2021년도 기출문제집(초등학생용)
Bebras Korea 지음 / 정가 11,000원

◀ 비버챌린지와 함께하는 컴퓨팅 사고와 정보과학
: 2021년도 기출문제집(중·고등학생용)
Bebras Korea 지음 / 정가 13,000원

◀ 비버챌린지
　2020년도 기출문제집(초등학생용)
　Bebras Korea 지음 / 정가 10,000원

비버챌린지 ▶
2020년도 기출문제집(중·고등학생용)
Bebras Korea 지음 / 정가 12,000원

◀ 비버챌린지
　2019년도 기출문제집(초등학생용)
　Bebras Korea 지음 / 정가 10,000원

비버챌린지 ▶
2019년도 기출문제집(중·고등학생용)
Bebras Korea 지음 / 정가 10,000원

◀ 비버챌린지
　2018년도 기출문제집(초등학생용)
　Bebras Korea 지음 / 정가 8,000원

비버챌린지 ▶
2018년도 기출문제집(중·고등학생용)
Bebras Korea 지음 / 정가 10,000원

◀ 비버챌린지
　2017년도 기출문제집(초등학교 3~4학년용)
　Bebras Korea 지음 / 정가 6,000원

비버챌린지 ▶
2017년도 기출문제집(초등학교 5~6학년용)
Bebras Korea 지음 / 정가 7,000원

◀ 비버챌린지
　2017년도 기출문제집(중학생용)
　Bebras Korea 지음 / 정가 8,000원

비버챌린지 ▶
2017년도 기출문제집(고등학생용)
Bebras Korea 지음 / 정가 8,000원